Korte Verhalen in het Pools

Korte verhalen in Pools voor beginners en gevorderden

Szymon Kowalski

greenthumbpublishing@gmail.com

Inhoud

Inleiding

Lezen in een vreemde taal is een van de meest effectieve manieren om uw taalvaardigheid te verbeteren en uw woordenschat uit te breiden. Toch kan het soms moeilijk zijn om boeiend leesmateriaal op een geschikt niveau te vinden dat een gevoel van prestatie en vooruitgang geeft. De meeste boeken en artikelen die voor moedertaalsprekers zijn geschreven, kunnen te lang zijn en moeilijk te begrijpen, of kunnen een woordenschat op zeer hoog niveau hebben, zodat u zich overweldigd voelt en het opgeeft. Als deze problemen bekend klinken, dan is dit boek iets voor jou!

Korte Verhalen in het Pools is een verzameling van 25 onconventionele en onderhoudende korte verhalen die zijn ontworpen om beginnende tot gemiddeld niveau Pools lerenden te helpen hun taalvaardigheden te verbeteren.

Deze korte verhalen creëren een ondersteunende leesomgeving door het opnemen van:

- Rijke taalkundige inhoud in verschillende genres om u te vermaken en u bloot te stellen aan een verscheidenheid van woordvormen.
- Kortere verhalen in hoofdstukken om u de voldoening te geven verhalen af te maken en snel vooruitgang te boeken.
- Teksten die op uw niveau geschreven zijn, zodat ze gemakkelijker te begrijpen zijn en niet overweldigend.
- Nederlandse vertaling op wisselende pagina's, zodat u er regel voor regel direct naar kunt verwijzen terwijl u het Pools verhaal leest.
- De belangrijkste woordenschat staat vetgedrukt in

het hele verhaal en de vertaling, zodat u onbekende woorden gemakkelijker kunt begrijpen.

- Begrijpelijke vragen om uw begrip van belangrijke gebeurtenissen te testen en om u aan te moedigen meer in detail te lezen.

Dus of u nu uw woordenschat wilt uitbreiden, uw begrip wilt verbeteren of gewoon voor uw plezier wilt lezen, dit boek is de grootste stap voorwaarts die u dit jaar in uw studie zult maken. Korte Verhalen in het Pools geeft u alle steun die u nodig hebt, dus leun achterover, ontspan, en laat uw fantasie de vrije loop terwijl u wordt meegevoerd naar een magische wereld van avontuur, mysterie en intrige - in het Pools!

Hoe dit boek te gebruiken

Lezen is een moeilijk talent om onder de knie te krijgen. We gebruiken een reeks microvaardigheden om ons te helpen lezen in onze moedertaal. We kunnen bijvoorbeeld een passage doornemen om een globaal idee te krijgen van waar het over gaat. Of we kammen een groot aantal bladzijden van een treindienstregeling door op zoek naar een specifieke tijd of plaats. Terwijl deze microvaardigheden een tweede natuur zijn bij het lezen in onze moedertaal, blijkt uit onderzoek dat we de meeste ervan vaak vergeten bij het lezen in een vreemde taal. Wanneer we een vreemde taal leren, beginnen we gewoonlijk bij het begin van een tekst en werken we ons een weg door de tekst, waarbij we elk woord proberen te begrijpen. Onvermijdelijk komen we onbekende of ingewikkelde termen tegen en raken we geïrriteerd door ons onvermogen om ze te begrijpen.

Een van de grootste voordelen van het lezen in een vreemde taal is dat je wordt blootgesteld aan een groot aantal zinnen en uitdrukkingen die in alledaagse situaties worden gebruikt. Extensief lezen is een term die wordt gebruikt om het lezen voor plezier aan te duiden om een taal te leren. Het is niet zoals het lezen van een tekstboek, wanneer gesprekken of teksten zijn ontworpen om langzaam en zorgvuldig te worden gelezen met het doel om elk woord te begrijpen. “Intensief lezen” verwijst naar lezen dat wordt gedaan om specifieke leerdoelen te bereiken of taken te voltooien. Anders gezegd, intensief lezen in tekstboeken helpt meestal bij het leren van grammaticaregels en bepaalde woordenschat, maar extensief lezen van verhalen helpt bij het leren van natuurlijke taal.

Korte Verhalen in het Pools biedt u de mogelijkheid om meer te leren over natuurlijk Pools taalgebruik, ook al bent u uw taalleertocht misschien begonnen met uitsluitend tekstboeken. Hier zijn een paar tips om in gedachten te houden als u de verhalen in dit boek leest om er het meeste uit te halen: Als het op lezen aankomt, zijn plezier en een gevoel van vervulling van cruciaal belang. Je blijft terugkomen voor meer omdat je geniet van wat je aan het lezen bent. Elk verhaal van begin tot eind lezen is de beste methode om plezier te beleven aan het lezen van verhalen en je volbracht te voelen. Het belangrijkste is dan ook om het einde van een verhaal te halen. Dat is eigenlijk nog belangrijker dan elk woord te kennen.

Hoe meer je leest, hoe meer kennis je zult opdoen. U zult snel een kennis hebben van hoe Pools werkt als u grotere boeken leest voor uw plezier. Bedenk echter wel dat u, om ten volle van de voordelen van extensief lezen te kunnen profiteren, eerst een voldoende omvangrijk boek moet lezen. Door hier en daar een paar bladzijden te lezen leert u misschien een paar nieuwe woorden, maar het zal geen significant verschil maken in uw algehele niveau van Pools.

Accepteer dat je niet alles zult begrijpen van wat je in een roman leest. Dit is, zonder twijfel, het meest cruciale punt! Onthoud altijd dat het volkomen aanvaardbaar is dat u niet alle woorden of zinnen begrijpt. Het betekent niet dat je taalvaardigheden ontoereikend zijn of dat je slecht presteert. Het geeft aan dat u actief betrokken bent bij het leerproces.

Leesgids

Om het meeste uit het lezen van Korte Verhalen in het Pools te halen, kunt u het beste dit eenvoudige leesproces in zes stappen volgen voor elk hoofdstuk van de verhalen:

1. Lees de titel van het hoofdstuk. Denk na over waar het verhaal over zou kunnen gaan. Lees dan het verhaal helemaal door. Uw doel is gewoon het einde van het verhaal te bereiken. Stop daarom niet om woorden op te zoeken en maak u geen zorgen als er dingen zijn die u niet begrijpt. Probeer gewoon de plot te volgen.

2. Wanneer u het einde van het verhaal hebt bereikt, scant u de Nederlandse vertaling om te zien of u hebt begrepen wat er is gebeurd en pikt u alle context op die u misschien hebt gemist.

3. 3. Ga terug en lees hetzelfde verhaal opnieuw. Als u wilt, kunt u zich meer op de details van het verhaal concentreren, maar anders leest u het gewoon nog een keer door.

4. 4. Werk vervolgens door de begripsvragen in Pools om te controleren of u de belangrijkste gebeurtenissen in het verhaal begrijpt. Als u de vragen niet helemaal begrijpt, hoeft u zich geen zorgen te maken. Gebruik uw kennis om zo goed mogelijk te antwoorden.

5. Op dit punt moet u de belangrijkste gebeurtenissen van het hoofdstuk enigszins begrijpen. Als dat niet het geval is, kunt u het hoofdstuk een paar keer herlezen, waarbij u de vertaling gebruikt om onbekende woorden en zinnen te controleren, totdat u zich zeker voelt.

Zodra u klaar bent en zeker weet dat u begrijpt wat er is gebeurd - of dat nu na één lezing van het verhaal is of na meerdere - gaat u verder met het volgende verhaal en geniet u verder van het verhaal in uw eigen tempo, net zoals u van elk ander boek zou genieten.

Pas als u een verhaal in zijn geheel hebt uitgelezen, moet u overwegen terug te gaan en de verhaaltaal desgewenst verder uit te diepen. Of in plaats van u zorgen te maken of u alles begrijpt, de tijd te nemen om u te concentreren op alles wat u hebt begrepen en uzelf te feliciteren met alles wat u hebt gedaan.

Korte Verhalen

in het Pools

Zamek w Malborku

Jest rok 1410, a Zakon Krzyżacki właśnie przejął kontrolę nad zamkiem w Malborku. Okazała budowla stoi imponująco nad brzegiem rzeki Nogat w północnej Polsce, będąc symbolem potęgi i siły germańskich rycerzy. Ale nie wszystko jest w porządku w murach **zamku.** Panuje atmosfera napięcia i niepokoju, bo wielu nie ufa nowym władcom. Jedną z takich osób jest Agnieszka, młoda kobieta, która urodziła się i wychowała w Malborku. **Pamięta, jak** nazywało się to jeszcze Marienburgiem, **zanim** padło łupem Krzyżaków podczas jednej z ich krucjat przeciwko pogańskiej Litwie. Teraz czuje się jak obca we własnym domu, wszystko się zmieniło od tamtych mrocznych dni. Agnieszka stara się jak może, by unikać kontaktu z rycerzami, ale pewnego dnia **przypadkowo wpada na** jednego z nich w ruchliwym korytarzu. Ten chwyta ją za ramię i krzyczy na nią po niemiecku, **domagając się informacji,** dlaczego nie pracuje ciężej, by służyć im należycie. **Wstrząśnięta** tym spotkaniem Agnieszka postanawia, że dość tego; nie może dłużej milczeć na temat tego, co dzieje się na zamku w Malborku pod krzyżackim panowaniem.

Agnieszka zaczyna rozpowiadać wśród pracowników zamku o złym traktowaniu, jakiego doznają z rąk

Kasteel Malbork

Het is 1410, en de Duitse Orde heeft zojuist het kasteel van Malbork in bezit genomen. Het grandioze bouwwerk staat imposant aan de oever van de rivier de Nogat in Noord-Polen, een symbool van de macht en de kracht van de Germaanse ridders. Maar niet alles gaat goed binnen de kasteelmuren. Er hangt een sfeer van spanning en onbehagen, want er zijn velen die deze nieuwe heersers niet vertrouwen. Een van hen is Agnieszka, een jonge vrouw die geboren en getogen is in Malbork. Zij **herinnert zich** dat het nog Marienburg heette, **voordat** het in handen kwam van de Duitse Orde tijdens een van hun kruistochten tegen het heidense Litouwen. Nu voelt ze zich als een vreemdeling in haar eigen huis; alles is veranderd sinds die donkere dagen. Agnieszka doet haar best om het contact met de ridders zo veel mogelijk te vermijden, maar op een dag botst ze **per ongeluk** tegen een van hen op in een drukke gang. Hij grijpt haar ruw bij de arm en schreeuwt in het Duits tegen haar. Hij **eist van haar** waarom ze niet harder werkt om hen goed te dienen. **Geschokt** door deze ontmoeting besluit Agnieszka dat het genoeg is; ze kan niet langer zwijgen over wat er gebeurt hier op Kasteel Malbork onder Teutoonse heerschappij.

Krzyżaków. Wie, że jest to ryzykowne, ale nie może stać bezczynnie, gdy jej rodacy są tak traktowani. **Powoli, ale skutecznie,** coraz więcej osób zaczyna jej słuchać i wkrótce na zamku w Malborku powstaje mały ruch oporu. Rycerze nie są ślepi na to, co się dzieje; widzą, że Agnieszka **staje się** problemem. Zaczynają ją bacznie obserwować, pilnując, by nie sprawiała więcej kłopotów. Jednak mimo ciągłej obserwacji, Agnieszce wciąż udaje się przemycać **wiadomości z** zamku, wzywając pomoc z zewnątrz. Pewnej nocy, gdy kończy pisać kolejną wiadomość, słyszy kroki na **korytarzu** przed swoim pokojem. Ktoś dowiedział się o działalności Agnieszki i teraz idzie po nią. W **pośpiechu chowa** wiadomość i otwiera drzwi, w których czeka na nią dwóch Krzyżaków. Tym razem nie ma **ucieczki**, wie, że zostanie zabrana i prawdopodobnie **stracona** za zdradę ich zakonu.

Agnieszka begint onder het personeel van het kasteel te vertellen over de mishandeling door de Teutoonse ridders. Ze weet dat het riskant is, maar ze kan niet aan de zijlijn blijven staan en niets doen terwijl haar Poolse medeburgers zo worden behandeld. **Langzaam** maar zeker beginnen meer en meer mensen naar haar te luisteren, en al snel ontstaat er een kleine verzetsbeweging binnen het kasteel van Malbork. De ridders zijn niet blind voor wat er gebeurt; ze zien dat Agnieszka een probleem aan het **worden is**. Ze beginnen haar nauwlettend in de gaten te houden om ervoor te zorgen dat ze niet nog meer problemen veroorzaakt. Maar ook al wordt ze voortdurend in de gaten gehouden, Agnieszka slaagt er toch in **berichten het** kasteel uit te smokkelen, waarin ze om hulp van buitenaf roept. Op een nacht, als ze nog een boodschap aan het afwerken is, hoort ze voetstappen in de **gang** buiten haar kamer. Iemand is achter Agnieszka's activiteiten gekomen, en nu komen ze achter haar aan. **Haastig** verstopt zij de boodschap voordat zij de deur opent en twee Teutoonse ridders aantreft die haar staan op te wachten. Deze keer is er geen **ontsnappen aan**; ze weet dat ze zal worden weggevoerd en waarschijnlijk **terechtgesteld** wegens verraad aan hun orde.

Pytania dotyczące rozumienia tekstu

1. Jak nazywa się zamek w opowiadaniu?

2. Kiedy Zakon Krzyżacki przejął kontrolę nad zamkiem?

3. Z jakiego kraju pochodzi Agnieszka?

4. Jaką pierwotnie nazwę nosił zamek?

5. Co Agnieszka czuje w stosunku do Krzyżaków?

6. Co robi Agnieszka w odpowiedzi na złe traktowanie przez pracowników zamku?

7. Co czuje Wielki Mistrz Zakonu Krzyżackiego wobec działań Agnieszki?

8. Jakie są konsekwencje działań Agnieszki?

9. Nad czym zastanawia się Agnieszka, gdy jest odprowadzana?

10. Jaki jest ogólny motyw przewodni opowiadania?

Begrip vragen

1. Wat is de naam van het kasteel in het verhaal?

2. Wanneer nam de Duitse Orde de macht over het kasteel?

3. Wat is het geboorteland van Agnieszka?

4. Wat was de oorspronkelijke naam van het kasteel?

5. Wat vindt Agnieszka van de Teutoonse ridders?

6. Wat doet Agnieszka als reactie op de mishandeling van het kasteelpersoneel?

7. Wat vindt de Grootmeester van de Duitse Orde van Agnieszka's daden?

8. Wat is het gevolg van Agnieszka's acties?

9. Wat vraagt Agnieszka zich af als ze wordt weggeleid?

10. Wat is het algemene thema van het verhaal?

Puszcza Białowieska

Puszcza Białowieska to miejsce mroczne i tajemnicze. Mówi się, że w lesie mieszkają dziwne stworzenia, których nikt nigdy nie widział. Jedni mówią, że te **stworzenia** są **przyjazne,** a inni, że niebezpieczne. Nikt nie wie na pewno, co czai się w głębi lasu.
Pewnego dnia grupa przyjaciół postanowiła zwiedzić Puszczę Białowieską. Słyszeli wszystkie opowieści o dziwnych stworzeniach, które tam mieszkały i byli zdecydowani sprawdzić, czy są one prawdziwe. Kiedy wchodzili coraz głębiej w las, zaczęli mieć wrażenie, że ktoś ich obserwuje. Słyszeli trzaskanie gałązek i szelest **liści**, ale nie mogli nic zobaczyć przez gęste drzewa. Nagle jedna z ich przyjaciółek krzyknęła z przerażenia, bo coś chwyciło ją od tyłu! Grupa przyjaciół biegła tak **szybko** jak tylko mogła, ale stwór był szybszy. Gonił ich przez las, aż w końcu dotarli na polanę. Odwrócili się, by stanąć twarzą w twarz ze swoim prześladowcą i zobaczyli duże, futrzane stworzenie stojące przed nimi. Miało ono ostre zęby i pazury, i wyglądało na bardzo rozgniewane. Przyjaciele byli przerażeni!

Stwór wystąpił do przodu i obwąchał każdego z nich. Następnie zrobiło coś **zaskakującego**: uśmiechnęło się do nich! To nie było groźne stworzenie, tylko

Białowieża Bos

Het Białowieża **Woud** is een donkere en mysterieuze plek. Er wordt gezegd dat in het bos vreemde wezens leven die nog nooit iemand heeft gezien. Sommigen zeggen dat deze **wezens vriendelijk** zijn, terwijl anderen zeggen dat ze gevaarlijk zijn. Niemand weet zeker wat er op de loer ligt in de diepten van het woud. Op een dag besloot een groep vrienden om het Białowieża Bos te verkennen. Ze hadden alle verhalen gehoord over de vreemde wezens die daar leefden, en ze waren vastbesloten om uit te vinden of ze waar waren. Toen ze dieper het bos in liepen, kregen ze het gevoel dat iemand hen in de gaten hield. Ze hoorden takjes knakken en **bladeren** ritselen, maar door de dichte bomen konden ze niets zien. Plotseling schreeuwde een van hun vriendinnen het uit van schrik toen iets haar van achteren greep! De groep vrienden renden zo **snel** als ze konden, maar het wezen was sneller. Het achtervolgde hen door het bos, tot ze uiteindelijk op een open plek kwamen. Ze draaiden zich om naar hun achtervolger en zagen een groot, harig wezen voor hen staan. Het had scherpe tanden en klauwen, en het zag er erg boos uit. De vrienden waren doodsbang!

Het schepsel stapte naar voren en snuffelde aan

ciekawe, które chciało dowiedzieć się więcej o tych dziwnych ludziach, którzy weszli do jego domu. Od tej pory stworzenia z Puszczy Białowieskiej stały się stałymi gośćmi na polanie, gdzie przyjaciele spotykali się codziennie. I tak zaczęła się **wspaniała** przyjaźń między ludźmi i zwierzętami, która trwała przez wiele lat. Pewnego dnia stworzenia z lasu poprosiły przyjaciół o pomoc w rozwiązaniu pewnego **problemu**. Grupa myśliwych przychodziła do lasu i zabijała zwierzęta dla ich futra. Stworzenia były przerażone i nie wiedziały, co robić. Przyjaciele wymyślili plan, jak powstrzymać **myśliwych**. Zbudowali pułapki i rozstawili je w całym lesie. Kiedy następnym razem przyszli myśliwi, wpadli w pułapki i zostali schwytani! Stworzenia były bardzo **wdzięczne** przyjaciołom za pomoc, a do Białowieży znów powrócił pokój.

elk van hen. Toen deed het iets **verrassends**: het glimlachte naar hen! Het was geen gevaarlijk wezen, maar een nieuwsgierig wezen dat meer wilde weten over deze vreemde mensen die zijn huis waren binnengedrongen. Vanaf dat moment werden de wezens van het Białowieża Bos regelmatige bezoekers van de open plek waar de vrienden elkaar elke dag ontmoetten. En zo begon een **prachtige** vriendschap tussen mens en dier, die nog vele jaren zou duren.
Op een dag vroegen de wezens van het bos de vrienden om hen te helpen met een **probleem**. Een groep jagers kwam in het bos en doodde dieren voor hun vacht. De wezens waren bang en wisten niet wat ze moesten doen. De vrienden bedachten een plan om de **jagers** te stoppen. Ze bouwden vallen en zetten die rond het bos. De volgende keer dat de jagers kwamen, vielen ze in de vallen en werden gevangen genomen! De dieren waren hun vrienden erg **dankbaar** voor hun hulp, en de vrede keerde weer terug in Białowieża.

Pytania dotyczące rozumienia tekstu

1. Co to jest Puszcza Białowieska?

2. Jakie stworzenia podobno mieszkają w lesie?

3. Dlaczego przyjaciele postanowili zbadać las?

4. Co zrobiło stworzenie, gdy po raz pierwszy zobaczyło przyjaciół?

5. Z jakim problemem zwróciły się do przyjaciół stworzenia z lasu o pomoc?

6. W jaki sposób przyjaciele pomogli stworzeniom?

7. Co znaleźli przyjaciele, gdy poznawali nową część lasu?

8. Jak przyjaciele i stwory schwytali bandytów?

9. Co się stało z przyjaciółmi, gdy dorośli?

10. Dlaczego jedno z futrzanych stworzeń ponownie ukazało się przyjaciołom?

Begrip vragen

1. Wat is het Białowieża woud?

2. Welke wezens zouden er in het bos leven?

3. Waarom besloten de vrienden het bos te verkennen?

4. Wat deed het schepsel toen het de vrienden voor het eerst zag?

5. Wat was het probleem waar de wezens van het bos de vrienden om hulp bij vroegen?

6. Hoe hebben de vrienden de wezens geholpen?

7. Wat hebben de vrienden gevonden toen ze een nieuw deel van het bos verkenden?

8. Hoe hebben de vrienden en de wezens de bandieten gevangen genomen?

9. Wat gebeurde er met de vrienden toen ze opgroeiden?

10. Waarom zou een van de harige wezens weer aan de vrienden verschijnen?

Maria Curie

Marie Curie urodziła się w Warszawie, w Polsce, 7 listopada 1867 roku. Jej ojciec był **profesorem** fizyki na miejscowym uniwersytecie, a matka prowadziła pensjonat. Już w dzieciństwie Maria wykazywała **duże predyspozycje do nauki i** osiągała doskonałe wyniki w nauce. Gdy miała zaledwie osiemnaście **lat**, zdobyła **stypendium na** studia na Uniwersytecie Sorbona w Paryżu. Na Sorbonie Marie poznała Pierre'a Curie, który później został jej mężem. Pierre również studiował fizykę na uniwersytecie i szybko nawiązali silną więź dzięki wspólnej miłości do **nauki**. Pobrali się w 1895 roku i mieli dwie **córki**: Irene i Evelyn. W 1898 r. Marie i Pierre odkryli rad - pierwiastek, który na zawsze zmienił ich życie. Poświęcili się dalszym badaniom nad radioaktywnością i jej potencjalnymi zastosowaniami w **medycynie** (dziedzina, która stała się znana jako "radioterapia"). W 1903 r. za odkrycie radioaktywności otrzymali Nagrodę Nobla w dziedzinie fizyki - tym samym Maria Curie stała się pierwszą kobietą w historii, która otrzymała Nagrodę Nobla.

Niestety, zaledwie cztery lata później Pierre zmarł po potrąceniu przez powóz konny podczas przechodzenia przez **ulicę** w Paryżu. Zdruzgotana jego śmiercią, ale zdecydowana kontynuować ich wspólną pracę,

Marie Curie

Marie Curie werd geboren in Warschau, Polen, op 7 november 1867. Haar vader was **professor** natuurkunde aan de plaatselijke universiteit, en haar moeder had een pension. Als kind was Marie **veelbelovend** op academisch gebied, en ze blonk uit in haar studies. Toen ze slechts achttien **jaar** oud was, won ze een **beurs** om aan de Sorbonne Universiteit in Parijs te studeren. Aan de Sorbonne ontmoette Marie Pierre Curie, die later haar echtgenoot zou worden. Pierre studeerde ook natuurkunde aan de universiteit en de twee ontwikkelden al snel een sterke band door hun gedeelde liefde voor de **wetenschap**. Ze trouwden in 1895 en kregen samen twee **dochters**: Irene en Evelyn. In 1898 ontdekten Marie en Pierre radium, een element dat hun leven voorgoed zou veranderen. Zij legden zich toe op verder onderzoek naar radioactiviteit en de mogelijke toepassingen ervan in de **geneeskunde** (een gebied dat bekend werd onder de naam "stralingstherapie"). In 1903 kregen zij de Nobelprijs voor natuurkunde voor hun ontdekking van radioactiviteit - en daarmee was Marie Curie de eerste vrouw die ooit een Nobelprijs won.

Helaas sloeg het noodlot slechts vier jaar later toe toen Pierre stierf nadat hij door een koets was aangereden

Marie przejęła jego stanowisko profesora fizyki na **Uniwersytecie** Sorbona. Stała się jeszcze bardziej znana dzięki swoim przełomowym pracom nad radioaktywnością, do tego stopnia, że w 1911 roku otrzymała kolejną Nagrodę Nobla - tym razem sama - stając się nie tylko pierwszą kobietą w historii, która zdobyła dwa Noble, ale także jedyną osobą, która zdobyła je w oddzielnych dziedzinach nauki. Po wybuchu I wojny światowej Marie odłożyła na bok własne projekty badawcze, aby wspomóc wysiłek wojenny, opracowując aparaty rentgenowskie, które mogły być wykorzystywane do lokalizowania **odłamków** i innych ciał obcych w ciałach żołnierzy. Przeszkoliła również 150 kobiet do obsługi i konserwacji tych **urządzeń** w **szpitalach** wojskowych w pobliżu linii frontu. Za swoje wysiłki w czasie wojny została odznaczona francuską Legią Honorową - jednym z najwyższych cywilnych odznaczeń przyznawanych przez **rząd** francuski.

toen hij de **straat overstak** in Parijs. Ontredderd door zijn dood, maar vastbesloten om hun werk samen voort te zetten, nam Marie zijn positie over als professor in de fysica aan de Sorbonne **Universiteit**. Ze werd nog bekender door haar baanbrekende werk op het gebied van radioactiviteit, zozeer zelfs dat ze in 1911 nog een Nobelprijs kreeg - deze keer alleen - en daarmee niet alleen de eerste vrouw ooit werd die twee Nobels won, maar ook de enige persoon ooit die ze beide won in verschillende wetenschappen. Na het uitbreken van de Eerste Wereldoorlog zette Marie haar eigen onderzoeksprojecten opzij om te helpen bij de oorlogsinspanningen door röntgenapparaten te ontwikkelen die konden worden gebruikt om **granaatscherven** en andere vreemde voorwerpen in het lichaam van soldaten op te sporen. Ze leidde ook 150 vrouwen op om deze **machines** te onderhouden en te bedienen in militaire **ziekenhuizen** in de buurt van de frontlinies van de strijd. Voor haar inspanningen in oorlogstijd werd zij benoemd tot lid van het Franse Legion d'honneur - een van de hoogste burgerlijke onderscheidingen die door de Franse **regering worden** verleend.

Pytania dotyczące rozumienia tekstu

1. Jaki był zawód ojca Marii Curie?

2. Co łączyło Marię Curie i Pierre'a Curie?

3. Co odkryli Maria i Pierre Curie?

4. Ile nagród Nobla zdobyła Maria Curie?

5. Czym zajmowała się Maria Curie podczas I wojny światowej?

6. Na czym polega spuścizna Marii Curie?

7. Za co Irena Curie otrzymała nagrodę Nobla?

8. Kto napisał biografię o życiu Marii Curie?

9. Jak Maria Curie była postrzegana przez wielu?

10. Co jest inspiracją, której dostarcza Maria Curie?

Begrip vragen

1. Wat was het beroep van Marie Curie's vader?

2. Wat hadden Marie Curie en Pierre Curie gemeen?

3. Wat hebben Marie en Pierre Curie ontdekt?

4. Hoeveel Nobelprijzen heeft Marie Curie gewonnen?

5. Wat deed Marie Curie tijdens de Eerste Wereldoorlog?

6. Wat is de nalatenschap van Marie Curie?

7. Waarvoor heeft Irene Curie een Nobelprijs gewonnen?

8. Wie schreef een biografie over het leven van Marie Curie?

9. Hoe werd Marie Curie door velen beschouwd?

10. Wat is een inspiratiebron voor Marie Curie?

Kopalnia soli w Wieliczce

Kopalnia Soli w Wieliczce to miejsce jak żadne inne. Przez **wieki** była źródłem soli dla mieszkańców Polski. Dziś jest również popularnym miejscem turystycznym, do którego przyjeżdżają turyści z całego świata, aby zobaczyć jej wyjątkowe podziemne komory i rzeźby. Jest jednak jedna komora w **kopalni,** która nie przypomina żadnej innej. Mówi się, że **komora** ta jest nawiedzana przez ducha górnika, który zginął w wypadku górniczym wiele lat temu. Nazywał się Janek Kowalski, a w chwili śmierci miał zaledwie 22 lata. **Duch** Janka podobno nawiedza komorę, w której zginął, a jego ducha można czasem zobaczyć błądzącego w ciemnościach. Niektórzy twierdzą, że duch Janka jest **zły** i mściwy, inni zaś uważają, że po prostu chce odnaleźć **spokój** po śmierci. Tak czy inaczej, jego obecność w kopalni sprawiła, że stała się ona miejscem tajemniczym i intrygującym zarówno dla mieszkańców, jak i turystów.

Pewnego **gorącego** letniego dnia grupa turystów **zwiedzała** Kopalnię Soli w Wieliczce. Słyszeli opowieści o duchu Janka, ale nie byli pewni, czy im wierzyć. Kiedy szli przez **ciemne** komory, poczuli **chłód** w powietrzu.

De Wieliczka Zoutmijn

De Wieliczka-zoutmijn is een plek als geen ander. **Eeuwenlang was** het een bron van zout voor de Poolse bevolking. Tegenwoordig is het ook een populaire toeristische bestemming, met bezoekers van over de hele wereld die de unieke ondergrondse kamers en beeldhouwwerken komen bekijken. Maar er is één kamer in de **mijn** die anders is dan alle andere. In deze **kamer** waart naar verluidt de geest rond van een mijnwerker die vele jaren geleden bij een mijnongeluk om het leven kwam. Zijn naam was Janek Kowalski, en hij was slechts 22 jaar oud toen hij stierf. Men zegt dat de **geest van** Janek rondwaart in de kamer waar hij stierf, en soms kan men zijn geest zien ronddwalen in de duisternis. Sommigen zeggen dat de geest van Janek **boos** en wraakzuchtig is, terwijl anderen geloven dat hij na zijn dood gewoon **rust** wil vinden. Hoe dan ook, zijn aanwezigheid in de mijn heeft het tot een plaats van mysterie en intrige gemaakt voor zowel de plaatselijke bevolking als de toeristen.

Op een **warme** zomerdag was een groep toeristen de Wieliczka-zoutmijn aan het verkennen. Ze hadden verhalen gehoord over de geest van Janek, maar ze

Nagle jeden z turystów zobaczył w oddali jakąś postać. Był to mężczyzna w staromodnym ubraniu i wydawało się, że unosi się nad ziemią. Turysta krzyknął, a wszyscy inni turyści pobiegli w jego stronę. Jednak gdy dotarli na miejsce, po żadnej upiornej postaci nie było śladu. Jedyne co było **inne** to to, że jedna ze świec w komnacie była zgaszona. Historia ducha Janka stała się **legendą** w Kopalni Soli w Wieliczce. Przyjeżdżają tu goście z całego świata, aby zobaczyć, czy uda im się ujrzeć jego **ducha**. Niektórzy twierdzą, że jest on niegroźny, inni zaś wierzą, że wciąż jest zły z powodu swojej śmierci i chce się zemścić na tych, którzy wchodzą do jego komory.

Nikt nie wie na pewno, co stało się z duchem Janka, ale jedno jest pewne: Kopalnia Soli w Wieliczce nigdy nie zostanie zapomniana. Janek Kowalski był **młodym** człowiekiem, który miał przed sobą całe życie. Pracował w kopalni soli w Wieliczce i kochał to. To była **niebezpieczna** praca, ale Janek nigdy nie bał się podjąć ryzyka. Pewnego dnia, gdy Janek pracował w jednej z komór, doszło do zawału. Janek został **pogrzebany** żywcem pod tonami soli i **skał**. Jego ciała nie znaleziono przez wiele dni, a kiedy go odnaleziono, było już za późno. Zmarł w wyniku odniesionych obrażeń.

wisten niet zeker of ze die geloofden. Terwijl ze door de **donkere** kamers liepen, voelden ze een **rilling in de** lucht. Plotseling zag een van de toeristen een figuur in de verte. Het was een man in ouderwetse kleding, en hij leek boven de grond te zweven. De toerist gilde, en alle andere toeristen renden naar hem toe. Maar toen ze daar aankwamen, was er geen spoor van een spookachtige figuur. Het enige wat **anders** was, was dat een van de kaarsen in de kamer gedoofd was. Het verhaal van de geest van Janek is een **legende** geworden in de Wieliczka-zoutmijn. Bezoekers komen van over de hele wereld om te zien of ze een glimp van zijn **geest kunnen opvangen**. Sommigen zeggen dat hij ongevaarlijk is, terwijl anderen geloven dat hij nog steeds boos is over zijn dood en wraak wil nemen op degenen die zijn kamer betreden.

Niemand weet zeker wat er met de geest van Janek is gebeurd, maar één ding is zeker: de Wieliczka-zoutmijn zal nooit worden vergeten. Janek Kowalski was een **jonge** man met zijn hele leven nog voor zich. Hij werkte in de Wieliczka-zoutmijn, en hij hield ervan. Het was **gevaarlijk** werk, maar Janek was nooit bang om risico's te nemen. Op een dag, toen Janek in een van de kamers aan het werk was, ontstond er een instorting. Janek werd levend **begraven** onder tonnen zout en **rotsen**. Zijn lichaam werd dagenlang niet gevonden, en tegen de tijd dat ze hem vonden, was het te laat. Hij was gestorven aan zijn verwondingen.

Pytania dotyczące rozumienia tekstu

1. Co to jest kopalnia soli w Wieliczce?

2. Co to za komora w kopalni, którą podobno nawiedza duch Janka Kowalskiego?

3. Ile lat miał Janek Kowalski w chwili śmierci?

4. Co mówi się o duchu Janka?

5. Co się stało z duchem Janka?

6. Gdzie znajduje się kopalnia soli w Wieliczce?

7. Jak długo funkcjonuje Kopalnia Soli w Wieliczce?

8. Co to za komora w kopalni, którą podobno nawiedza duch Janka Kowalskiego?

9. Jaka jest legenda o duchu Janka?

10. Co robią zwiedzający po przyjeździe do Kopalni Soli w Wieliczce?

Begrip vragen

1. Wat is de Wieliczka-zoutmijn?

2. Wat is de kamer in de mijn waar de geest van Janek Kowalski zou rondwaren?

3. Hoe oud was Janek Kowalski toen hij stierf?

4. Wat wordt er gezegd over de geest van Janek?

5. Wat gebeurde er met Janek's geest?

6. Waar ligt de Wieliczka-zoutmijn?

7. Hoe lang is de Wieliczka-zoutmijn al in bedrijf?

8. Wat is de kamer in de mijn waar de geest van Janek Kowalski zou rondwaren?

9. Wat is de legende van Janek's geest?

10. Wat doen bezoekers als ze naar de Wieliczka-zoutmijn komen?

Obwarzanek Krakowski

W Krakowie był wczesny ranek, a **miasto** dopiero zaczynało się poruszać. **Słońce** jeszcze nie wzeszło, ale niebo rozświetlało się jego światłem. Sprzedawcy Obwarzanka Krakowskiego ustawiali już swoje wózki, przygotowując się do kolejnego dnia sprzedaży swoich **pysznych** precli. Jeden ze sprzedawców, młody mężczyzna o imieniu Jakub, był dziś szczególnie **podekscytowany**. Oszczędzał od miesięcy i w końcu miał dość pieniędzy, by kupić własny wózek. To był jego pierwszy dzień jako sprzedawcy i nie mógł się doczekać, aby zacząć. Jakub dotarł na swoje stałe miejsce przy placu **targowym** i zaczął rozstawiać **wózek**. Czuł podniecenie, które narastało w nim w miarę pracy. Wkrótce ustawi się do niego kolejka ludzi, którzy będą chcieli kupić jego obwarzanki. Gdy słońce zaczęło wschodzić, podniecenie Jakuba zmieniło się w zdenerwowanie. A co jeśli nikt nie kupi jego precli? Co jeśli nie zarobi tyle **pieniędzy,** żeby zapłacić za swój wózek? Starał się wyprzeć te myśli z głowy i skupić się na wykonywanym zadaniu.

Wreszcie nadszedł czas, aby otworzyć się na biznes. Jakub wziął głęboki **oddech** i zawołał do pierwszego

Obwarzanek Krakowski

Het was vroeg in de ochtend in Krakau, en de **stad** begon zich net te roeren. De **zon** was nog niet opgekomen, maar de hemel straalde al van het licht. De verkopers van Obwarzanek Krakowski waren hun karretjes al aan het klaarzetten voor weer een dag waarop ze hun **overheerlijke** krakelingen zouden verkopen. Eén verkoper, een jonge man genaamd Jakub, was vandaag bijzonder **opgewonden**. Hij had maanden gespaard en had eindelijk genoeg geld om zijn eigen kar te kopen. Dit zou zijn eerste dag als verkoper worden, en hij kon niet wachten om te beginnen. Jakub kwam aan op zijn gebruikelijke plaats in de buurt van de **markt** en begon zijn **kar op te zetten**. Hij voelde de opwinding in hem toenemen terwijl hij werkte. Weldra zou er een rij mensen staan te wachten om zijn obwarzanek te kopen. Toen de zon begon op te komen, werd Jakobs opwinding nerveus. Wat als niemand zijn krakelingen kocht? Wat als hij niet genoeg **geld zou** verdienen om zijn kar te betalen? Hij probeerde deze gedachten uit zijn hoofd te zetten en zich te concentreren op wat hij moest doen.

Eindelijk was het tijd om open te gaan. Jakub haalde diep **adem** en riep naar de eerste klant: "Obwarzanek

klienta: “Obwarzanek Krakowski!”. Ku jego uldze, klient podszedł i kupił precla. Jakub wypuścił westchnienie ulgi, gdy wręczał resztę. To miał być **dobry** dzień. W miarę upływu dnia **pewność siebie Jakuba** rosła. Sprzedawał coraz więcej precli, a nawet udało mu się zdobyć kilku stałych klientów. Biznes kwitł, a on zarabiał więcej pieniędzy, niż kiedykolwiek mógł sobie wyobrazić. Pod koniec dnia Jakub zarobił wystarczająco dużo pieniędzy, aby kupić sobie nową parę butów i jeszcze trochę zostało. Był **zmęczony,** ale szczęśliwy, gdy spakował swój wózek i udał się do domu na **noc**. To był dopiero początek dla Jakuba. Od tej pory będzie znany jako sprzedawca Obwarzanka Krakowskiego z najlepszymi preclami w mieście! W miarę jak biznes Jakuba się rozwijał, postanowił on zatrudnić kilku pomocników. Z ich pomocą udało mu się rozszerzyć działalność i sprzedawać jeszcze więcej precli. Teraz miał stałe miejsce na rynku, a ludzie przyjeżdżali z całego miasta, aby kupić jego obwarzanki.

Krakowski!" Tot zijn opluchting kwam de klant naar hem toe en kocht een krakeling. Jakub slaakte een zucht van verlichting toen hij het wisselgeld overhandigde. Dit zou toch nog een **goede** dag worden. Naarmate de dag vorderde, groeide Jakub's **zelfvertrouwen**. Hij verkocht steeds meer krakelingen en slaagde er zelfs in een paar vaste klanten te strikken. De zaken gingen goed en hij verdiende meer geld dan hij zich ooit had kunnen voorstellen. Aan het eind van de dag had Jakub genoeg geld verdiend om een nieuw paar schoenen te kopen en had hij nog wat over. Hij was **moe** maar blij toen hij zijn karretje inpakte en naar huis ging voor de **nacht**. Dit was nog maar het begin voor Jakub. Van nu af aan zal hij bekend staan als de Obwarzanek Krakowski-verkoper met de beste krakelingen van de stad! Toen Jakubs zaak bleef groeien, besloot hij een paar helpers aan te nemen. Met hun hulp kon hij zijn zaak uitbreiden en nog meer pretzels verkopen. Hij had nu een vaste plek op het marktplein, en mensen kwamen uit de hele stad om zijn obwarzanek te kopen.

Pytania dotyczące rozumienia tekstu

1. Czym jest Obwarzanek Krakowski?

2. Kim jest Jakub?

3. Jakie emocje towarzyszyły Jakubowi w tym dniu?

4. Dlaczego podniecenie Jakuba zmieniło się w zdenerwowanie?

5. Jak czuł się Jakub pod koniec dnia?

6. Co Jakub zrobił z dodatkowymi pieniędzmi, które zarobił?

7. Co zrobił Jakub, gdy zobaczył człowieka ze znakiem?

8. Co powiedział mężczyzna do Jakuba?

9. Co zrobił Jakub w odpowiedzi?

10. Jaki cel miał Jakub pisząc nowy znak?

Begrip vragen

1. Wat is de Obwarzanek Krakowski?

2. Wie is Jakub?

3. Wat was Jakub's opwinding voor de dag?

4. Waarom veranderde Jakub's opwinding in nervositeit?

5. Hoe voelde Jakub zich aan het eind van de dag?

6. Wat deed Jakub met het extra geld dat hij verdiende?

7. Wat deed Jakub toen hij de man met het teken zag?

8. Wat zei de man tegen Jakub?

9. Wat deed Jakub als antwoord?

10. Wat was Jakub's doel bij het schrijven van het nieuwe bord?

Dolina Dolnej Odry

Dolina Dolnej Odry była kiedyś miejscem gwarnym, pełnym życia i aktywności. Teraz jednak jest **cieniem** swojej dawnej postaci. Pozostały po niej jedynie ruiny domów i firm. Mówi się, że **dolina** została przeklęta przez mściwego ducha, który został skrzywdzony dawno temu. Nikt nie wie na pewno, co się stało, ale od tamtej pory dolina powoli umiera. **Rośliny uschły**, zwierzęta zniknęły, a w końcu odeszli nawet ludzie. Dziś nikt już nie przyjeżdża do Doliny Dolnej Odry. Jakby w ogóle nie istniała. Jeśli jednak masz dość **odwagi,** by zapuścić się w to opuszczone miejsce, możesz przekonać się, że w tym zapomnianym zakątku świata pozostało jeszcze trochę życia. Kiedy idziesz przez dolinę, nie możesz oprzeć się wrażeniu smutku. Jakby całe szczęście zostało wyssane z tego miejsca. Ale wtedy, w oddali, widzisz, że coś **się porusza**. Gdy podchodzisz bliżej, zdajesz sobie sprawę, że to człowiek! Są poszarpane i **brudne**, ale na pewno żyją. Kiedy cię widzi, zaczyna uciekać w popłochu.

Próbujesz iść za nimi, ale znikają w jednym z **opuszczonych** budynków. Wchodzisz za nimi ostrożnie, nie wiedząc czego się spodziewać. W środku budynek jest ciemny i **zatęchły**. **Chwilę** zajmuje Twoim

De Beneden Oder Vallei

Ooit was de Neder-Odervallei een bruisende plek, vol leven en activiteit. Maar nu is het een **schaduw** van zijn vroegere zelf. Het enige wat overblijft zijn de ruïnes van wat eens huizen en bedrijven waren. Er wordt gezegd dat de **vallei** vervloekt is door een wraakzuchtige geest die lang geleden onrecht werd aangedaan. Niemand weet zeker wat er gebeurd is, maar sindsdien is de vallei langzaam aan het sterven. De **planten** verdorden, de dieren verdwenen, en uiteindelijk zijn zelfs de mensen vertrokken. Tegenwoordig komt er niemand meer naar de Neder-Odervallei. Het is alsof het helemaal niet meer bestaat. Maar als je **dapper** genoeg bent om je in deze verlaten plek te wagen, zou je er wel eens achter kunnen komen dat er nog wat leven over is in deze vergeten uithoek van de wereld. Als je door de vallei loopt, voel je een gevoel van droefheid. Het is alsof al het geluk uit deze plek is gezogen. Maar dan, in de verte, zie je iets **bewegen**. Als je dichterbij komt, realiseer je je dat het een persoon is! Ze zijn haveloos en **vies**, maar ze leven zeker. Als ze je zien, beginnen ze van schrik weg te rennen.

Je probeert ze te volgen, maar ze verdwijnen in een van de **verlaten** gebouwen. Je gaat ze voorzichtig

oczom dostosowanie się do ciemności. Kiedy to robią, widzisz skuloną w kącie osobę, trzęsącą się ze strachu. Podchodzisz do niej powoli, nie chcąc przestraszyć jej bardziej niż już jest. Kiedy jesteś wystarczająco blisko, zdajesz sobie sprawę, że to tylko **dzieci**. Młoda **dziewczyna,** która wygląda na nie więcej niż dziesięć lat, najwyraźniej wiele przeszła, ale wciąż ma w sobie trochę **walki.** Gdy widzi, że nie zamierzasz jej skrzywdzić, zaczyna się lekko uspokajać. Oboje siedzicie przez chwilę w ciszy, gdy dziewczynka próbuje zebrać się na odwagę. W końcu odzywa się i opowiada Ci swoją historię. Mówi, że ma na imię Sarah i że była jedną z ostatnich osób, które opuściły dolinę, kiedy wszyscy inni się wynosili. Jej rodzice zmarli wkrótce po tym, jak tu przybyli, więc Sarah została tu zupełnie **sama**.

Sarah mówi, że od kilku lat żyje z **ziemi,** ale coraz trudniej jest jej znaleźć **pożywienie**. Szukała jagód, kiedy zobaczyła, że się zbliżasz i pomyślała, że jesteś jednym z duchów, które nawiedzają to miejsce. Ale teraz, kiedy wie, że jesteś po prostu osobą taką jak ona, nie jest już tak przerażona. Oboje siedzicie i rozmawiacie jeszcze przez jakiś czas, aż w końcu Sarah zasypia ze **zmęczenia**. Zostajesz z Sarą przez noc, czuwając na wypadek, gdyby któryś z duchów wrócił.

achterna, niet wetend wat je kunt verwachten. Binnen is het gebouw donker en **muf**. Het duurt **even** voor je ogen aan de duisternis gewend zijn. Als ze dat doen, zie je de persoon ineengedoken in een hoek, bevend van angst. Je nadert hem langzaam, niet om hem nog meer bang te maken dan hij al is. Als je dichtbij genoeg bent, besef je dat het maar **kinderen** zijn. Een jong **meisje** dat niet ouder dan tien jaar lijkt te zijn. Ze heeft duidelijk veel meegemaakt, maar ze heeft nog wat **strijd** in zich. Als ze ziet dat je haar geen pijn gaat doen, begint ze een beetje te kalmeren. Jullie zitten een tijdje in stilte terwijl het meisje haar moed probeert te verzamelen. Uiteindelijk spreekt ze en vertelt je haar verhaal. Ze zegt dat ze Sarah heet en dat ze een van de laatsten was die de vallei verliet toen alle anderen wegtrokken. Haar ouders stierven kort nadat ze hier waren aangekomen, en dus was Sarah helemaal **alleen** op deze plek.

Sarah zegt dat ze al een paar jaar van het **land leeft**, maar het wordt moeilijker en moeilijker om **voedsel** te vinden. Ze was bessen aan het zoeken toen ze jou zag aankomen en dacht dat je een van de geesten was die hier rondspoken. Maar nu ze weet dat je gewoon een mens bent zoals zij, is ze niet meer zo bang. Jullie blijven nog een tijdje zitten praten, tot Sarah uiteindelijk van **uitputting** in slaap valt. Je blijft de hele nacht bij Sarah en houdt de wacht voor het geval de geesten terugkomen.

Pytania dotyczące rozumienia tekstu

1. Co to jest Dolina Dolnej Odry?

2. Co jest przekleństwem Doliny Dolnej Odry?

3. Kim był mściwy duch, który przeklął dolinę?

4. Co się stało z roślinami, zwierzętami i ludźmi w dolinie?

5. Czy ktoś jeszcze mieszka w Dolinie Dolnej Odry?

6. Kim jest Sarah?

7. W jaki sposób zginęli rodzice Sary?

8. Od jak dawna Sara mieszka w dolinie?

9. Co robiła Sara, gdy zobaczyła zbliżającą się do niej osobę?

10. Co znajduje osoba po wejściu do opuszczonego budynku?

Begrip vragen

1. Wat is de Neder-Odervallei?

2. Wat is de vloek van de Neder-Odervallei?

3. Wie was de wraakzuchtige geest die de vallei vervloekte?

4. Wat gebeurde er met de planten, dieren en mensen in de vallei?

5. Woont er nog iemand in de Beneden Odervallei?

6. Wie is Sarah?

7. Hoe zijn Sarah's ouders gestorven?

8. Hoe lang woont Sarah al in de vallei?

9. Wat was Sarah aan het doen toen ze de persoon op haar af zag komen?

10. Wat vindt de persoon als hij het verlaten gebouw binnengaat?

Miasto Gdańsk

Miasto Gdańsk było kiedyś prężnie rozwijającą się **metropolią**. Teraz jednak jest niczym więcej niż cieniem dawnego siebie. Ulice są **puste,** a budynki się rozpadają. Nad miastem unosi się niesamowita cisza niczym koc. Ale w Gdańsku wciąż jest życie. W opuszczonych budynkach, w ukrytych zakamarkach miasta, mieszkają ludzie, którzy nie chcą zrezygnować ze swojego domu. Trzymają się nadziei, że pewnego dnia Gdańsk powstanie ponownie i będzie tym wielkim miastem, którym był kiedyś. Jedną z takich osób jest Janusz Kowalski. Mieszka w Gdańsku całe życie i pamięta, jak to było, zanim wszystko się rozpadło. Teraz spędza dni wędrując po ulicach, zbierając **śmieci** i starając się utrzymać porządek. Nie jest to wiele, ale jest to coś, co może zrobić, aby pomóc swojemu **ukochanemu** miastu. Pewnego dnia Janusz był na swoim zwykłym obchodzie, gdy usłyszał hałas dochodzący z jednego z opuszczonych budynków. Ostrożnie podszedł i **zerknął do** środka. To, co zobaczył, zaszokowało go. Tam mieszkali ludzie! Dzieci biegające wokół, kobiety gotujące przy **ognisku...** to było jak scena z innego czasu.

Janusz nie wiedział, co robić. Chciał pomóc tym ludziom, ale **bał się,** że wpędzi ich w kłopoty. W

De stad Gdańsk

De stad Gdańsk was ooit een bloeiende **metropool**. Maar nu is het niet meer dan een schaduw van zijn vroegere zelf. De straten zijn **leeg** en de gebouwen brokkelen af. Er heerst een angstaanjagende stilte die als een deken over de stad hangt. Maar er is nog steeds leven in Gdańsk. In de verlaten gebouwen, in de verborgen hoeken van de stad, zijn er mensen die hun thuis niet willen opgeven. Zij klampen zich vast aan de hoop dat Gdańsk op een dag zal herrijzen en weer de grote stad zal zijn die het ooit was. Een van die mensen is Janusz Kowalski. Hij woont al zijn hele leven in Gdańsk en herinnert zich nog hoe het was voordat alles in elkaar stortte. Nu brengt hij zijn dagen door met zwerven door de straten, **vuilnis opruimen** en proberen de boel netjes te houden. Het is niet veel, maar het is iets wat hij kan doen om zijn **geliefde** stad te helpen. Op een dag was Janusz zijn gebruikelijke ronde aan het doen toen hij een geluid hoorde dat uit een van de verlaten gebouwen kwam. Hij ging er voorzichtig naar toe en **gluurde** naar binnen. Wat hij zag, schokte hem. Er woonden mensen! Rondrennende kinderen, vrouwen die boven een **vuurtje koken...** het leek wel een scène uit een andere tijd.

Janusz wist niet wat hij moest doen. Hij wilde deze

końcu postanowił pójść do władz i powiedzieć im o **squattersach**. Z pewnością byliby w stanie im pomóc? Ale kiedy Janusz poszedł do władz, te wyśmiały go i powiedziały, że nic nie mogą zrobić. Zniechęcony, Janusz wrócił do **obozu lokatorów** i opowiedział im, co się stało. Ludzie podziękowali mu za jego wysiłki, ale powiedzieli, że są przyzwyczajeni do bycia ignorowanymi przez rząd. Od lat utrzymywali się sami i w najbliższym czasie nigdzie się nie wybierają. Janusz był zdumiony **odpornością** tych ludzi. Mimo wszystko, wciąż walczyli, by ułożyć sobie życie. Zaczął ich regularnie odwiedzać, przynosząc jedzenie i zapasy, kiedy tylko mógł. Z czasem poznał ich lepiej i zaczął podziwiać ich **siłę**. Mieszkańcy stworzyli swoją własną małą **społeczność** pośród wszystkich gruzów i ruin. Troszczyli się o siebie nawzajem i pomagali sobie.

mensen helpen, maar hij was **bang** om ze in de problemen te brengen. Uiteindelijk besloot hij naar de autoriteiten te gaan en hen over de **krakers te** vertellen. Zij zouden hen toch wel kunnen helpen? Maar toen Janusz naar de autoriteiten ging, lachten ze hem alleen maar uit en vertelden ze hem dat ze niets konden doen. Ontmoedigd ging Janusz terug naar het **krakerskamp** en vertelde wat er was gebeurd. De mensen bedankten hem voor zijn inspanningen, maar zeiden dat ze gewend waren door de regering te worden genegeerd. Ze hadden jarenlang op eigen kracht overleefd, en dat zou niet lang meer duren. Janusz was verbaasd over de **veerkracht** van deze mensen. Ondanks alles vochten ze nog steeds om een leven voor zichzelf op te bouwen. Hij begon hen regelmatig te bezoeken en bracht voedsel en voorraden mee wanneer hij kon. Na verloop van tijd leerde hij hen beter kennen en kreeg hij bewondering voor hun **kracht**. De krakers hadden hun eigen kleine **gemeenschap** gecreëerd te midden van al het puin en de ruïnes. Ze zorgden voor elkaar en hielpen elkaar.

Pytania dotyczące rozumienia tekstu

1. Jak wygląda obecnie miasto Gdańsk?

2. Jak gdańszczanie czują się w swoim mieście?

3. Kim jest Janusz Kowalski?

4. Co zrobił Janusz, gdy zobaczył squattersów?

5. Dlaczego władze nie pomogły squatersom?

6. Jak zareagowali squattersi, gdy Janusz powiedział im o władzach?

7. Jak Janusz czuł się wśród squattersów?

8. Co zrobił Janusz, aby pomóc squatersom?

9. Jak zmieniało się miasto Gdańsk w czasie?

10. Kim są prawdziwi bohaterowie tej historii?

Begrip vragen

1. Hoe ziet de stad Gdańsk er nu uit?

2. Wat vinden de mensen in Gdańsk van hun stad?

3. Wie is Janusz Kowalski?

4. Wat deed Janusz toen hij de krakers zag?

5. Waarom hebben de autoriteiten de krakers niet geholpen?

6. Hoe reageerden de krakers toen Janusz hen vertelde over de autoriteiten?

7. Wat vond Janusz van de krakers?

8. Wat heeft Janusz gedaan om de krakers te helpen?

9. Hoe is de stad Gdańsk in de loop der tijden veranderd?

10. Wie zijn de ware helden van dit verhaal?

Pierogi

Była ciemna i **burzliwa** noc. Pierożek, mały polski pierożek, drżał w swoim **łóżku** z liści kapusty. Został sam w zimnej, wilgotnej **piwnicy** i bardzo się bał. Nagle usłyszał kroki na schodach prowadzących do piwnicy. Ktoś po niego szedł! Pierożek próbował ukryć się pod liśćmi kapusty, ale było już za późno. Drzwi do piwnicy otworzyły się, a wielka ręka sięgnęła do środka i złapała go za **kark**. Został wyciągnięty na światło i znalazł się twarzą w twarz z bardzo gniewnie wyglądającą kobietą. Kobieta krzyczała na Pierożka po polsku, żądając informacji, dlaczego ukrywał się w jej piwnicy. Pierogi wyjaśnił, że było mu **zimno,** był głodny i nie miał dokąd pójść. Serce kobiety nieco zmiękło, gdy zobaczyła, jak żałośnie wygląda ten mały pierożek i postanowiła go przygarnąć. Kobieta nakarmiła Pieroga **gotowanymi** ziemniakami i marchewką, a następnie położyła go do łóżka obok własnych dzieci. Zasypiając, Pierogi myślał o tym, jakie miał szczęście, że ta miła kobieta przygarnęła go w tak ciemną i burzliwą noc.

Następnego ranka Pierogi obudził się na dźwięk **śmiechu**. Wyszedł spod kołdry i zobaczył, że dzieci tej kobiety bawią się z nim. Zrobiły mu małe łóżeczko ze starego **pudełka po butach** i udawały, że karmią go kawałkami wymyślonego jedzenia. Pierogi był

Pierogi

Het was een donkere en **stormachtige** nacht. Pierogi, de kleine Poolse knoedel, huiverde in zijn **bed** van koolbladeren. Hij was helemaal alleen achtergelaten in de koude, natte **kelder**, en hij was erg bang. Plotseling hoorde hij voetstappen op de trap die naar beneden naar de kelder leidde. Iemand kwam hem halen! Pierogi probeerde zich te verstoppen onder de koolbladeren, maar hij was te laat. De kelderdeur ging open en een grote hand reikte naar binnen en greep hem bij zijn **nek**. Hij werd naar buiten getrokken, het licht in, en stond oog in oog met een zeer boos kijkende vrouw. De vrouw schreeuwde in het Pools tegen Pierogi en eiste te weten te komen waarom hij zich in haar kelder had verstopt. Pierogi legde uit dat hij **het koud** en hongerig had en nergens anders heen kon. Het hart van de vrouw werd iets losser toen ze zag hoe zielig de kleine knoedel eruit zag, en ze besloot hem op te nemen. De vrouw gaf Pierogi wat **gekookte** aardappelen en wortels en stopte hem toen in bed naast haar eigen kinderen. Terwijl hij in slaap viel, bedacht Pierogi hoe gelukkig hij was dat die aardige vrouw hem had opgenomen in zo'n donkere en stormachtige nacht.

De volgende morgen werd Pierogi wakker door het geluid van **gelach**. Hij gluurde onder de dekens

tak wzruszony dobrocią kobiety i jej dzieci, że zaczął płakać. Dzieci przestały się **bawić** i podeszły do niego, aby go pocieszyć, delikatnie klepiąc go po głowie, gdy ten z powrotem zasnął. Kiedy Pierogi obudził się ponownie, był już dzień. Kobiety i jej dzieci już nie było, ale zostawili mu na śniadanie talerz z pierogami. Pierożek był tak szczęśliwy, że zjadł wszystkie, po czym wrócił do snu z pełnym brzuchem i ciepłym **sercem**. Pierożek mieszkał z kobietą i jej dziećmi przez wiele lat i zawsze był szczęśliwy. Nigdy nie zapomniał ciemnej i burzliwej nocy, kiedy po raz pierwszy został przygarnięty i każdego dnia był wdzięczny za **dobroć** swojej nowej rodziny.

Pewnego dnia, gdy Pierogi były już bardzo stare i **siwe,** dzieci kobiety dorosły i wyprowadziły **się**. Kobieta również przygotowywała się do przeprowadzki, aby zamieszkać ze swoją córką w innym mieście. Przyszła pożegnać się z Pierogiem i mocno go **przytuliła**. Pierogi patrzył, jak kobieta odjeżdża, a potem wrócił do **domu**. Czuł się bardzo pusty bez niej, ale Pierogi wiedział, że wszystko będzie **dobrze**.

vandaan en zag dat de kinderen van de vrouw met hem aan het spelen waren. Ze hadden een bedje voor hem gemaakt van een oude **schoenendoos**, en ze deden alsof ze hem denkbeeldig eten gaven. Pierogi was zo ontroerd door de vriendelijkheid van de vrouw en haar kinderen dat hij begon te huilen. De kinderen stopten met **spelen** en kwamen naar hem toe om hem te troosten. Ze klopten zachtjes op zijn hoofd terwijl hij zichzelf weer in slaap huilde. Toen Pierogi weer wakker werd, was het dag. De vrouw en haar kinderen waren weg, maar ze hadden een bord pierogi voor het ontbijt voor hem achtergelaten. Pierogi was zo blij dat hij alles opat en weer ging slapen met een volle buik en een warm **hart**. Pierogi woonde vele jaren bij de vrouw en haar kinderen, en hij was altijd gelukkig. Hij vergat nooit de donkere en stormachtige nacht toen hij voor het eerst werd opgevangen, en hij was elke dag dankbaar voor de **vriendelijkheid** van zijn nieuwe familie.

Op een dag, toen Pierogi heel oud en **grijs** was, waren de kinderen van de vrouw groot geworden en **verhuisd**. De vrouw maakte zich klaar om ook te verhuizen, om bij haar dochter in een andere stad te gaan wonen. Ze kwam afscheid nemen van Pierogi, en ze gaf hem een dikke **knuffel**. Pierogi keek toe toen de vrouw wegreed, en ging toen terug het **huis in**. Het voelde erg leeg zonder haar, maar Pierogi wist dat het **goed** zou komen.

Pytania dotyczące rozumienia tekstu

1. Co robi Pierożek, gdy słyszy kroki schodzące do piwnicy?

2. Dlaczego kobieta była zła, gdy znalazła Pierogi w swojej piwnicy?

3. Co kobieta zrobiła dla Pieroga po tym, jak postanowiła go przygarnąć?

4. Jak czuł się Pierożek, gdy obudził się na dźwięk śmiechu?

5. Dlaczego Pierogi był wdzięczny swojej nowej rodzinie?

6. Kiedy Pierogi ponownie widzi kobietę po jej wyprowadzce?

7. Co robi Pierogi, gdy kobieta przychodzi się pożegnać?

8. Jak czuje się Pierożek po wyjściu kobiety?

9. Co Pierogi robi z resztą swoich dni?

10. Dlaczego Pierogi nigdy nie zapomni o swojej rodzinie?

Begrip vragen

1. Wat doet Pierogi als hij voetstappen hoort beneden in de kelder?

2. Waarom was de vrouw boos toen ze Pierogi in haar kelder vond?

3. Wat deed de vrouw voor Pierogi nadat ze besloten had hem in huis te nemen?

4. Hoe voelde Pierogi zich toen hij wakker werd van het geluid van gelach?

5. Waarom was Pierogi dankbaar voor zijn nieuwe familie?

6. Wanneer ziet Pierogi de vrouw weer nadat ze verhuisd is?

7. Wat doet Pierogi als de vrouw afscheid komt nemen?

8. Hoe voelt Pierogi zich nadat de vrouw vertrekt?

9. Wat doet Pierogi met de rest van zijn dagen?

10. Waarom zal Pierogi zijn familie nooit vergeten?

Solidarność

Był początek lat 80-tych w Polsce, a kraj był w stanie **zamętu**. Związek Radziecki zainstalował w Polsce komunistyczny rząd po II wojnie światowej, a ludzie byli **zmęczeni** uciskiem. Chcieli zmian. W sierpniu 1980 roku robotnicy w Stoczni Gdańskiej rozpoczęli strajk, protestując przeciwko warunkom pracy i niskim płacom. Lech Wałęsa, **elektryk w** stoczni, stał się liderem strajkujących. Pomógł wynegocjować porozumienie z dyrekcją, które obejmowało podwyżki i poprawę warunków pracy. To wydarzenie zapoczątkowało ogólnokrajowy ruch na rzecz reform, znany jako Solidarność. Przez ponad rok Solidarność walczyła o demokrację i prawa człowieka w Polsce. W grudniu 1981 roku rząd wprowadził stan wojenny, próbując w ten sposób **zdławić** ruch. Jednak Solidarność kontynuowała pokojową walkę o **reformy** przez całe lata osiemdziesiąte, aż w końcu osiągnęła sukces w 1989 roku, kiedy to komunizm upadł w całej Europie Wschodniej. Był gorący letni dzień w Gdańsku i stoczniowcy pocili się podczas pracy. Lech Wałęsa, elektryk, pracował na **dźwigu,** gdy usłyszał krzyki dochodzące z drugiej strony stoczni. Zszedł na dół, by zobaczyć, co się dzieje.

Solidarność

Het was begin jaren '80 in Polen, en het land verkeerde in een staat van **beroering**. De Sovjet-Unie had na de Tweede Wereldoorlog een communistische regering in Polen geïnstalleerd, en de mensen waren **het beu** onderdrukt te worden. Ze wilden verandering. In augustus 1980 gingen arbeiders op de scheepswerf van Gdańsk in staking uit protest tegen de arbeidsomstandigheden en de lage lonen. Lech Wałęsa, een **elektricien** op de scheepswerf, ontpopte zich tot een leider van de stakers. Hij hielp bij de onderhandelingen over een overeenkomst met de directie die onder meer voorzag in loonsverhogingen en betere arbeidsomstandigheden. Deze gebeurtenis gaf de aanzet tot een landelijke hervormingsbeweging, bekend onder de naam Solidarność (Solidariteit). Meer dan een jaar lang streed Solidariteit voor democratie en mensenrechten in Polen. In december 1981 kondigde de regering de staat van beleg af in een poging **de beweging de kop in te drukken**. Solidariteit bleef echter de hele jaren tachtig vreedzaam strijden voor **hervormingen**, tot ze uiteindelijk in 1989 succes boekte, toen in heel Oost-Europa het communisme ineenstortte. Het was een warme zomerdag in Gdańsk

Grupa robotników zebrała się wokół brygadzisty, który na nich krzyczał. Brygadzista domagał się, aby wrócili do pracy, bo w przeciwnym razie odbierze im wynagrodzenie. Robotnicy byli wściekli i nie chcieli **ustąpić**. Wałęsa wystąpił i zapytał brygadzistę, co się dzieje. Brygadzista powiedział mu, że kierownictwo postanowiło obniżyć płace o 10 procent. Wałęsa nie mógł w to uwierzyć! Wiedział, że robotnicy nie mogą sobie pozwolić na kolejną obniżkę - wielu z nich już teraz walczy o przetrwanie. Wałęsa zwołał **zebranie pracowników, a ci** zdecydowali się na **strajk**. Założyli pikiety i zaczęli rozprzestrzeniać się po innych stoczniach w całej Polsce. Wkrótce strajki wybuchały w całym kraju. Rząd zareagował, wysyłając policję i **żołnierzy,** aby rozbić protesty. Jednak ludzie nie dali się uciszyć. Nie ustawali w walce o swoje prawa, nawet jeśli wiązało się to z **przemocą ze** strony rządzących.

en de arbeiders van de scheepswerf zwoegden zwetend door het werk. Lech Wałęsa, een elektricien, was aan het werk aan een **kraan** toen hij geschreeuw hoorde dat van de andere kant van de werf kwam. Hij klom naar beneden om te zien wat er aan de hand was.

Een groep arbeiders stond rond een voorman die tegen hen schreeuwde. De voorman eiste dat ze weer aan het werk gingen of hij zou hun loon inhouden. De arbeiders waren boos en weigerden **toe te geven**. Wałęsa stapte naar voren en vroeg de voorman wat er aan de hand was. De voorman vertelde hem dat de directie had besloten de lonen **over** de hele linie met 10 procent te verlagen. Wałęsa kon het niet geloven! Hij wist dat de arbeiders zich niet nog een loonsverlaging konden veroorloven - velen hadden het al moeilijk genoeg om rond te komen. Wałęsa riep de arbeiders bijeen, en zij besloten te gaan **staken**. Ze stelden piketpaaltjes op en verspreidden hun boodschap naar andere scheepswerven in Polen. Al snel braken overal in het land stakingen uit. De regering reageerde met het sturen van politie en **soldaten** om de protesten te breken. De mensen lieten zich echter niet het zwijgen opleggen. Ze bleven vechten voor hun rechten, ook al betekende dat **geweld** van de kant van de machthebbers.

Pytania dotyczące rozumienia tekstu

1. Jak nazywał się ruch, który walczył o demokrację i prawa człowieka w Polsce?

2. W którym roku zaczęto wprowadzać stan wojenny, próbując zdławić ruch?

3. Kto był przywódcą ruchu “Solidarności”?

4. Przeciwko czemu protestowali robotnicy, przystępując do strajku?

5. Dlaczego rząd odpowiedział wysłaniem policji i żołnierzy w celu rozbicia protestów?

6. Jakie porozumienie pomógł wynegocjować Lech Wałęsa z kierownictwem?

7. O co walczyli mieszkańcy Polski?

8. Co się stało w 1989 roku?

9. Jakie jest dziedzictwo ruchu “Solidarności”?

10. Czym żyje duch Solidarności w sercach tych, którzy walczą o lepszy świat?

Begrip vragen

1. Wat was de naam van de beweging die streed voor democratie en mensenrechten in Polen?

2. In welk jaar werd de staat van beleg afgekondigd in een poging de beweging de kop in te drukken?

3. Wie was de leider van de Solidariteitsbeweging?

4. Waartegen protesteerden de arbeiders toen zij in staking gingen?

5. Waarom heeft de regering gereageerd met het sturen van politie en soldaten om de protesten te breken?

6. Welke overeenkomst hielp Lech Wałęsa te onderhandelen met de directie?

7. Waar vochten de Polen voor?

8. Wat gebeurde er in 1989?

9. Wat is de erfenis van de Solidariteitsbeweging?

10. Wat leeft er van de geest van Solidariteit in de harten van hen die strijden voor een betere wereld?

Kraków

Kraków był kiedyś tętniącym życiem miastem, pełnym życia i **energii**. Teraz jednak jest cieniem dawnego siebie. Ulice są puste, budynki **się rozpadają,** a jedynym dźwiękiem jest wiatr wiejący przez opuszczone ulice. Nie zawsze tak było. Jeszcze kilka lat temu Kraków kwitł. Ale potem przyszła **wojna**. A wraz z nią śmierć i zniszczenie. Miasto było bezlitośnie bombardowane, aż pozostały z niego tylko gruzy i popioły. Teraz jest to miasto duchów, pamiątka po tym, co było kiedyś. Ale są jeszcze ludzie, którzy nie chcą rezygnować z Krakowa. Wciąż żyją w ruinach, pragnąc odbudować swoje miasto i sprawić, by znów tętniło życiem. Jedną z takich osób jest Janina. **Urodziła się** i wychowała w Krakowie i kocha swoje miasto całym sercem. Każdego dnia niestrudzenie pracuje nad usuwaniem **gruzu** i naprawianiem tego, co da się naprawić. To **powolny** proces, ale nie przeszkadza jej to, bo wie, że pewnego dnia Kraków powstanie na nowo.

Pewnego dnia Janina pracuje przy oczyszczaniu fragmentu ulicy, gdy słyszy **hałas**. Rozgląda się, ale nikogo tam nie ma. Wzrusza ramionami i wraca do pracy, ale hałas jest coraz głośniejszy. W końcu nie może już dłużej wytrzymać, musi zobaczyć, co

Krakau

Ooit was Krakau een bruisende stad, vol leven en **energie**. Maar nu is het een schaduw van zijn vroegere zelf. De straten zijn leeg, de gebouwen **vervallen**, en het enige geluid is de wind die door de verlaten straten waait. Het is niet altijd zo geweest. Nog maar een paar jaar geleden was Krakau een bloeiende stad. Maar toen kwam de **oorlog**. En daarmee ook dood en verderf. De stad werd genadeloos gebombardeerd tot er niets anders overbleef dan puin en as. Nu is het een spookstad, een herinnering aan wat eens was. Maar er zijn nog steeds mensen die weigeren Krakau op te geven. Ze blijven in de ruïnes wonen, vastbesloten om hun stad weer op te bouwen en te laten bloeien. Een van deze mensen is Janina. Ze is **geboren** en getogen in Krakau, en ze houdt van haar stad met heel haar hart. Elke dag werkt ze onvermoeibaar om het **puin op te ruimen** en te herstellen wat hersteld kan worden. Het is een **langzaam** proces, maar ze vindt het niet erg omdat ze weet dat Krakau op een dag weer zal herrijzen.

Op een dag is Janina bezig een stuk van de straat schoon te maken als ze een **geluid** hoort. Ze kijkt om zich heen, maar er is niemand. Ze haalt haar schouders op en gaat weer aan het werk, maar het lawaai wordt

wydaje ten dźwięk. Podąża za hałasem, aż dochodzi do małego **otworu** w ziemi. Wygląda to na jakiś rodzaj tunelu. I wtedy słyszy go ponownie: słaby **głos wołający** o pomoc. Bez wahania Janina wchodzi do tunelu. Jest ciemny, ciasny, pełen zakrętów. Ale nie zatrzymuje się, bo ktoś potrzebuje jej pomocy. Po godzinach czołgania się w ciemnościach Janina dociera do małej komory, w której uwięziona jest **osoba.** Jest ranny i odwodniony, ale żyje. Z pomocą Janiny udaje im się wyjść z tunelu i wrócić do miasta. "Myśleliśmy, że wszyscy nas porzucili - mówią słabo -" Ale ty po nas wróciłeś.""Nigdy nie mogłabym opuścić swojego domu" - odpowiada z uśmiechem Janina. I od tej **chwili** wie, że Kraków nigdy nie będzie naprawdę stracony, dopóki są ludzie, którym zależy na nim na **tyle,** by walczyć o jego przetrwanie.

W dzisiejszych czasach Kraków powoli, ale skutecznie wraca do życia. Janina i inni **mieszkańcy** niestrudzenie pracowali nad jego **odbudową**, a ich wysiłki w końcu zaczynają się opłacać. Miasto nadal jest dalekie od tego, co było kiedyś, ale nie jest już miastem duchów. Znów mieszkają tu ludzie, a firmy zaczynają się otwierać. Przed nami długa **droga,** ale Janina wie, że dzięki niej Kraków znów będzie **tętnił życiem.**

steeds luider. Uiteindelijk kan ze er niet meer tegen; ze moet zien wat dat geluid maakt. Ze volgt het geluid tot ze bij een kleine **opening** in de grond komt. Het lijkt op een soort tunnel. En dan hoort ze het weer: een vage **stem** die om hulp roept. Zonder aarzelen klimt Janina naar beneden, de tunnel in. Het is donker en krap, en vol kronkels en bochten. Maar ze stopt niet omdat iemand haar hulp nodig heeft. Na wat voelt als uren kruipen door de duisternis, komt Janina eindelijk bij een kleine kamer waar de **persoon** is opgesloten. Ze zijn gewond en uitgedroogd, maar ze leven nog. Met de hulp van Janina komen ze uit de tunnel en keren terug naar de stad. “We dachten dat iedereen ons verlaten had,” zeggen ze zwakjes.” Maar jullie kwamen terug voor ons.” “Ik zou mijn huis nooit in de steek kunnen laten,” antwoordt Janina met een glimlach. En vanaf dat **moment** weet ze dat Krakau nooit echt verloren zal zijn zolang er mensen zijn die **genoeg om haar geven om te vechten** voor haar voortbestaan.

Tegenwoordig komt Krakau langzaam maar zeker weer tot leven. Janina en de andere **bewoners hebben** onvermoeibaar gewerkt aan **de wederopbouw**, en hun inspanningen beginnen eindelijk vruchten af te werpen. De stad is nog lang niet wat het ooit was, maar het is niet langer een spookstad. Er wonen hier weer mensen en er komen weer bedrijven. Het is een lange **weg**, maar Janina weet dat Krakau uiteindelijk weer **tot bloei zal komen**.

Pytania dotyczące rozumienia tekstu

1. Jaki był Kraków przed wojną?

2. Jak wojna wpłynęła na Kraków?

3. Kim jest Janina?

4. Co jest celem Janiny?

5. Co robi Janina, gdy słyszy hałas?

6. Skąd pochodzi ten hałas?

7. Kto jest uwięziony w tunelu?

8. Jak Janina myśli o przyszłości Krakowa?

9. Jaki jest nowy projekt Janiny?

10. Co czuje Janina, gdy idzie ulicami miasta?

Begrip vragen

1. Hoe zag Krakau eruit voor de oorlog?

2. Hoe heeft de oorlog Krakau beïnvloed?

3. Wie is Janina?

4. Wat is Janina's doel?

5. Wat doet Janina als ze een geluid hoort?

6. Waar komt het lawaai vandaan?

7. Wie zit er gevangen in de tunnel?

8. Hoe denkt Janina over de toekomst van Krakau?

9. Wat is Janina's nieuwe project?

10. Hoe voelt Janina zich als ze door de straten loopt?

Na plaży

Po wschodzie słońca fale są głośniejsze, a piasek nad odpływem jest biały. Schodzę na plażę, **podziwiając** morze i słońce. Moje palce czują żłobienia muszelek. Piasek jest zimny na moich palcach. Uśmiecham się i idę dalej. Przypływ jest wysoki, więc muszę uważać, żeby nie dać się wciągnąć. Idę wzdłuż brzegu wody, podziwiając morze. Wschód słońca jest **piękny**, a fale rozbijają się o siebie. Czuję się tak spokojnie. Dochodzę do miejsca, gdzie jest wychodnia skalna. Siadam i patrzę na fale. Woda jest tak niebieska, a niebo tak **pomarańczowe**. Czuję się jak we śnie. Zamykam oczy i po prostu słucham fal. Siedziałam tam przez długi czas, aż usłyszałam, że ktoś woła moje imię.

Otwieram oczy i widzę mamę idącą w moją stronę. Ma zmartwiony wyraz twarzy. Uśmiecham się i macham, a ona się **odpręża**. “Zastanawiałam się, gdzie poszedłeś”, mówi. “Cieszę się, że podoba ci się plaża”. Odpowiadam: “Tak jest.” “Tu jest tak pięknie”. “Wiem”, mówi. “Przychodziłam tu cały czas, gdy byłam w twoim wieku”. “Naprawdę?” pytam. “Tak,” odpowiada. “To wyjątkowe miejsce.””Czy spotkałaś tu kiedyś kogoś wyjątkowego?” pytam. “Tak,” odpowiada z uśmiechem. “Twojego ojca.” “Naprawdę?” mówię, **zaskoczony**. “Tak,” mówi. “Przychodziliśmy tu razem przez cały

Op het strand

Na zonsopgang zijn de golven luider en het zand boven de vloed is wit. Ik loop naar het strand en **bewonder** de zee en de zon. Mijn tenen voelen de groeven van schelpen. Het zand is koud aan mijn tenen. Ik glimlach en loop door. Het is vloed, dus ik moet oppassen dat ik er niet in word getrokken. Ik loop langs de waterkant en bewonder de zee. De zonsopgang is **prachtig**, en de golven beuken. Ik voel me zo vredig. Ik kom op een plek waar een rots uitsteekt. Ik ga zitten en kijk naar de golven. Het water is zo blauw en de lucht is zo **oranje**. Ik voel me alsof ik in een droom ben. Ik sluit mijn ogen en luister alleen maar naar de golven. Ik zat daar een hele tijd, tot ik iemand mijn naam hoorde roepen.

Ik open mijn ogen en zie mijn moeder naar me toe lopen. Ze heeft een bezorgde blik op haar gezicht. Ik glimlach en zwaai, en ze **ontspant zich**. “Ik vroeg me al af waar je was,” zegt ze. “Ik ben blij dat je van het strand geniet.” Ik antwoord: “Dat doe ik.” “Het is hier zo mooi.” “Ik weet het,” zegt ze. “Ik kwam hier altijd toen ik zo oud was als jij.” “Echt waar?” Vraag ik. “Ja,” antwoordt ze. “Het is een speciale plek.” “Heb je hier ooit een speciaal iemand ontmoet?” Vraag ik. “Ik wel,” antwoordt ze met een glimlach. “Je vader.” “Echt waar?” Zeg ik, **verbaasd**. “Ja,” zegt ze. “We kwamen hier altijd

czas. To tutaj się zakochaliśmy. " Uśmiecham się, **wyobrażając sobie** moich rodziców zakochujących się na tej pięknej plaży. "To wyjątkowe miejsce," powtarza. "Cieszę się, że przyszliście tu dzisiaj".

Siedzimy tam jeszcze przez chwilę, **obserwując** fale i zachód słońca. Potem wstajemy i idziemy z powrotem do naszych plażowych ręczników. Ja kładę się i patrzę w gwiazdy. Czuję się taka szczęśliwa i zadowolona. Fale są teraz głośniejsze, a piasek jest zimny. Słońce zachodzi i wieje chłodna bryza. Fale rozbijają się o brzeg, a w powietrzu unosi się zapach soli. To idealny wieczór, aby być na plaży. Idę wzdłuż brzegu, **słuchając** szumu fal i obserwując zachód słońca. Widzę grupę ludzi siedzących na piasku, śmiejących się i żartujących. Wygląda na to, że świetnie się bawią. Podchodzę do nich i pytam, czy mogę do nich dołączyć. Zgadzają się i spędzamy resztę wieczoru rozmawiając, śmiejąc się i oglądając zachód **słońca**. To doskonały wieczór. Razem z grupą rozmawiamy aż do zachodu słońca. Dzielimy się historiami i żartami i wszyscy świetnie się bawimy. Gdy noc zaczyna zapadać, wszyscy zaczynamy czuć się zmęczeni. Całujemy się na **pożegnanie** i rozstajemy. Wracam do mojego hotelu, czując się szczęśliwa i zadowolona. Nie mogę uwierzyć, jak pięknie tu jest. Jestem szczęśliwa, że mogłam tego **doświadczyć**.

samen. Het is waar we verliefd werden. “ Ik glimlach en **stel me voor hoe** mijn ouders verliefd werden op dit prachtige strand. “Het is een speciale plek,” herhaalt ze. “Ik ben blij dat je hier vandaag bent.”

We zitten daar nog een tijdje, **kijken naar** de golven en de zonsondergang. Dan staan we op en lopen terug naar onze strandhanddoeken. Ik ga liggen en kijk naar de sterren. Ik voel me zo gelukkig en tevreden. De golven zijn nu luider, en het zand is koud. De zon gaat onder en er waait een koel briesje. De golven beuken tegen de kust, en de geur van zout hangt in de lucht. Het is een perfecte avond om op het strand te zijn. Ik loop langs het strand, **luister** naar het geluid van de golven en kijk naar de zonsondergang. Ik zie een groep mensen op het zand zitten, lachend en grapjes makend. Ze zien eruit alsof ze het naar hun zin hebben. Ik loop naar ze toe en vraag of ik erbij mag komen zitten. Ze zeggen ja, en we brengen de rest van de avond door met praten, lachen en kijken naar de **zonsondergang**. Het is een perfecte avond. De groep en ik praten tot de zon ondergaat. We delen verhalen en grappen, en we hebben allemaal een geweldige tijd. Als de avond begint te vallen, beginnen we allemaal moe te worden. We kussen elkaar **vaarwel** en gaan uit elkaar. Ik loop terug naar mijn hotel en voel me gelukkig en tevreden. Ik kan niet geloven hoe mooi het hier is. Ik ben zo gelukkig dat ik het heb mogen **meemaken**.

Pytania dotyczące rozumienia tekstu

1. Gdzie idzie narratorka po przebudzeniu?

2. Co podziwia narratorka, spacerując po plaży?

3. Na co musi uważać narratorka, spacerując po plaży?

4. Gdzie siada narrator, by podziwiać widok?

5. Jak długo narrator tam siedzi?

6. Kogo widzi narratorka, gdy ponownie otwiera oczy?

7. Co mówi matka narratora?

8. O czym rozmawiają narratorka i spotkani przez nią ludzie?

Begrip vragen

1. Waar gaat de vertelster heen nadat ze wakker is geworden?

2. Wat bewondert de vertelster als ze langs het strand loopt?

3. Waar moet de vertelster op letten als ze langs het strand loopt?

4. Waar gaat de verteller zitten om van het uitzicht te genieten?

5. Hoe lang blijft de verteller daar zitten?

6. Wie ziet de verteller als ze haar ogen weer opent?

7. Wat zegt de moeder van de verteller?

8. Waar praten de verteller en de mensen die ze ontmoet over?

Kemping nad jeziorem

Idę w stronę jeziora, **podziwiając** spokój tej sceny. Słońce bije w dół na małym jeziorze, sprawiając, że woda wygląda jak tafla szkła. Jedyny ruch to sporadyczne falowanie ryby **przełamującej** powierzchnię. Nawet ptaki wydają się odpoczywać od upału, a powietrze wypełnia jedynie dźwięk cykad. **Nagle** spokój zostaje przerwany przez głośny plusk. Duża **ryba** wyskoczyła z wody, próbując złapać ważkę. Ryba nie trafia w cel i z pluskiem wpada z powrotem do wody. "Wow", myślę sobie, "to była duża ryba!". Rozejrzałem się, żeby zobaczyć, czy ktoś jeszcze to widział, ale nikogo nie było w pobliżu. Chyba będę musiał im powiedzieć, gdy wrócę do obozu.

Upał jest **uciążliwy**, przez co trudno jest oddychać. Powietrze jest gęste i ciężkie, jak owinięty wokół ciebie koc. Jedyną ulgę przynosi woda. Jest chłodna i odświeżająca, jak zimny napój w gorący dzień. Biorę głęboki oddech i zanurzam się w wodzie. Ulga jest natychmiastowa, bo chłodna woda mnie otacza. Płynę do dna, a następnie wypływam na powierzchnię, czując jak woda chłodzi moje ciało. Kontynuuję **pływanie w** kółko, ciesząc się wytchnieniem od upału. Po chwili

Kamperen aan het meer

Ik loop naar het meer en **bewonder** de vredigheid van het tafereel. De zon schijnt op het meertje, waardoor het water een glazen plaat lijkt. De enige beweging is af en toe een rimpeling van een vis **die** het wateroppervlak breekt. Zelfs de vogels lijken een pauze te nemen van de hitte, met alleen het geluid van cicaden die de lucht vullen. **Plotseling** wordt de rust verbroken door een luide plons. Een grote **vis** is uit het water gesprongen, in een poging een libel te vangen. De vis mist zijn doel en valt met een plons terug in het water. “Wow,” denk ik bij mezelf, “dat was een grote vis!.” Ik keek om me heen om te zien of iemand anders hem had gezien, maar er was niemand in de buurt. Ik denk dat ik het ze zal moeten vertellen als ik terug ben in het kamp.

De hitte is **drukkend**, waardoor het moeilijk is om te ademen. De lucht is dik en zwaar, als een deken om je heen gewikkeld. De enige verlichting is in het water. Het is koel en verfrissend, als een koud drankje op een warme dag. Ik haal diep adem en duik in het water. De opluchting is onmiddellijk als het koele water me omringt. Ik zwem naar de bodem en dan weer naar de oppervlakte, terwijl ik voel hoe het water mijn lichaam afkoelt. Ik blijf baantjes trekken en geniet van de

wychodzę z wody i kładę się na trawie, pozwalając słońcu osuszyć moje ciało. Zamykam oczy i odpływam w sen, dźwięk **cykad** kołysa mnie do głębokiej drzemki. Pozwalam słońcu wypalić wodę z mojej skóry. Czuję, że moja skóra robi się czerwona, ale nie przejmuję się tym. Jestem zbyt gorący, by się tym przejmować. Następną rzeczą, którą wiem, jest zachodzące słońce. Niebo jest piękne pomarańczowe, ze smugami różu i fioletu. Upał zniknął, zastąpiony przez chłodną **bryzę**.

Wstaję i zakładam z powrotem ubrania, czując się odświeżona i odmłodzona. Biorę głęboki **oddech** chłodnego powietrza i uśmiecham się. Dobrze jest być żywym. Wracam do kempingu, podziwiając sposób, w jaki kolory tańczą na niebie. Widzę ognisko płonące w oddali i czuję dym w powietrzu. Uśmiecham się i **przyspieszam** kroku. Jestem gotowy, aby zrelaksować się i cieszyć się resztą mojego wieczoru. Wchodzę na kemping i widzę, że wszyscy zgromadzili się wokół ogniska. **Śmieją** się i żartują, a ja widzę ogień odbijający się w ich oczach. Uśmiecham się i siadam obok moich przyjaciół. Dobrze jest być z powrotem. Następnego ranka budzę się wcześnie i zaczynam pakować swoje rzeczy. Jestem chętny, aby wrócić na szlak i kontynuować moją podróż. Żegnam się z moimi przyjaciółmi i zaczynam iść dalej. Idąc, po raz ostatni spoglądam na pole **namiotowe**. Widzę w oddali płonący ogień i czuję dym w powietrzu.

afkoeling van de hitte. Na een tijdje kom ik uit het water en ga op het gras liggen, zodat de zon mijn lichaam kan drogen. Ik sluit mijn ogen en val in slaap, het geluid van de **cicaden** brengt me in een diepe slaap. Ik laat de zon het water uit mijn huid bakken. Ik voel dat mijn huid rood wordt, maar dat kan me niet schelen. Ik heb het te warm om me zorgen te maken. Het volgende dat ik weet, is dat de zon ondergaat. De lucht is prachtig oranje, met roze en paarse strepen. De hitte is weg, vervangen door een koel **briesje**.

Ik sta op en trek mijn kleren weer aan. Ik voel me verfrist en verjongd. Ik haal diep **adem** uit de koele lucht en glimlach. Het voelt goed om te leven. Ik loop terug naar de camping en bewonder de manier waarop de kleuren in de lucht dansen. In de verte zie ik het kampvuur branden, en ik ruik de rook in de lucht.
Ik glimlach en **versnel** mijn pas. Ik ben klaar om te ontspannen en te genieten van de rest van mijn avond. Ik loop de camping op en zie dat iedereen rond het vuur zit. Ze **lachen** en maken grapjes, en ik kan het vuur in hun ogen zien weerkaatsen. Ik glimlach en ga naast mijn vrienden zitten. Het is goed om terug te zijn. De volgende ochtend sta ik vroeg op en begin mijn spullen in te pakken. Ik sta te popelen om weer op pad te gaan en mijn reis voort te zetten. Ik neem afscheid van mijn vrienden en begin weg te lopen. Terwijl ik loop, werp ik nog een laatste blik op de **camping**. In de verte zie ik het vuur nog branden en ik ruik de rook in de lucht.

Pytania dotyczące rozumienia tekstu

1. Dokąd zmierza piechur?

2. Jaka to jest pogoda?

3. Jak wygląda woda?

4. Jak spacerowicz reaguje na upał?

5. Co robi ta ryba?

6. Dlaczego spacerowicz jest sam?

7. Jakie wrażenie robi woda?

8. Jak czuje się chodzący po pływaniu?

9. O jakiej porze dnia budzi się chodzący?

10. Dokąd idzie spacerowicz po opuszczeniu obozu?

Begrip vragen

1. Waar gaat de wandelaar heen?

2. Wat voor weer is het?

3. Hoe ziet het water eruit?

4. Hoe reageert de wandelaar op de hitte?

5. Wat doet de vis?

6. Waarom is de wandelaar alleen?

7. Hoe voelt het water aan?

8. Hoe voelt de wandelaar zich na het zwemmen?

9. Hoe laat is het als de wandelaar wakker wordt?

10. Waar gaat de wandelaar heen als hij het kamp verlaat?

Dom

Wprowadziłem się do mojego nowego domu w zeszłym tygodniu i jestem tak **podekscytowany**! Jest o wiele większy niż mój stary i ma duże podwórko. Nie mogę się doczekać, żeby mieć przyjaciół na grilla i imprezy. Moją **ulubioną** częścią jest moja nowa sypialnia. Jest taka duża i jasna, a ja mam dużo miejsca na wszystkie swoje rzeczy. Jestem naprawdę zadowolona z mojego nowego domu i myślę, że będę tu bardzo szczęśliwa. Postanowiłam jeszcze trochę pozwiedzać dom. Poszłam na górę na drugie piętro i zaczęłam torować sobie drogę do kuchni, kiedy zobaczyłam wielkiego czarnego pająka na ścianie! Krzyknęłam i zbiegłam na dół. Byłam tak **przerażona**!!! Jednak po kilku minutach uspokoiłam się i postanowiłam wrócić na górę. Powoli pokonałam drogę do kuchni i zobaczyłam, że pająka już nie ma. Tak bardzo mi ulżyło! Wróciłem na dół i postanowiłem wyjść na zewnątrz, aby zbadać **podwórko**. To było takie duże! Nie mogłem w to uwierzyć. Widziałem zestaw huśtawek w rogu i zjeżdżalnię. Widziałem też siatkę do koszykówki i **trampolinę**. Byłem tak podekscytowany!

Nie mogę się doczekać, aż użyję tych wszystkich nowych rzeczy. **Sąsiedzi** przyszli i przedstawili się. Wydawali się naprawdę mili i rozmawialiśmy przez

Het Huis

Ik ben vorige week in mijn nieuwe huis getrokken, en ik ben zo **opgewonden**! Het is zoveel groter dan mijn oude, en het heeft een grote achtertuin. Ik kan niet wachten om vrienden uit te nodigen voor BBQ's en feestjes. Mijn **favoriete** deel is mijn nieuwe slaapkamer. Hij is zo groot en licht, en ik heb veel ruimte om al mijn spullen op te bergen. Ik ben echt blij met mijn nieuwe huis en ik denk dat ik hier heel gelukkig zal zijn. Ik besloot om het huis nog wat verder te verkennen. Ik ging naar boven naar de tweede verdieping en ging op weg naar de keuken toen ik een grote zwarte spin op de muur zag! Ik gilde en rende naar beneden. Ik was zo **bang**! Maar na een paar minuten was ik gekalmeerd en besloot ik terug naar boven te gaan. Ik ging langzaam naar de keuken en zag dat de spin weg was. Ik was zo opgelucht! Ik ging terug naar beneden en besloot naar buiten te gaan om de **achtertuin te verkennen**. Hij was zo groot! Ik kon het niet geloven. Ik zag een schommel in de hoek en een glijbaan. Ik zag ook een basketbalnet en een **trampoline**. Ik was zo opgewonden!

Ik kan niet wachten om al deze nieuwe spullen te gebruiken. De **buren** kwamen langs en stelden zich voor. Ze leken erg aardig, en we hebben een tijdje gepraat. Ze nodigden me uit voor hun BBQ volgend

chwilę. Zaprosili mnie na ich BBQ w następny weekend, a ja powiedziałem, że z przyjemnością przyjdę. Miałem świetny pierwszy tydzień w moim nowym domu i jestem podekscytowany wszystkimi nowymi przygodami, które są przed nami. Dzisiaj mam zamiar iść na poszukiwanie w podwórku ponownie i zobaczyć, co jeszcze mogę znaleźć. Kto wie, może nawet znajdę jakiś **skarb**. Nie mogę się doczekać, co przyniesie kolejny tydzień!
W następnym tygodniu znów poszedłem szukać na podwórku i znalazłem **tajemniczy** ogród. Był taki piękny! Wszędzie były kwiaty i mały staw z rybkami. Widziałem też zestaw huśtawek, którego wcześniej nie widziałem. Byłem tak podekscytowany, że znalazłem ten sekretny ogród i nie mogę się doczekać, aby go bardziej zbadać. To było takie **piękne**!

Wszędzie były kwiaty i mały staw z rybami w nim. Widziałem też zestaw **huśtawek,** którego wcześniej nie widziałem. Byłem tak podekscytowany, że znalazłem ten sekretny ogród i nie mogę się doczekać, aby go bardziej odkryć. Podobał mi się również mój nowy pokój. Był taki duży i jasny, a na ścianach były już plakaty moich ulubionych zespołów. Nie musiałam nawet przynosić żadnych własnych **mebli,** bo było tu już łóżko, komoda i biurko. To będzie najlepszy rok w życiu! Byłam trochę zdenerwowana rozpoczęciem nauki w nowej **szkole**, ale wszyscy moi nowi sąsiedzi byli tacy przyjaźni.

weekend, en ik zei dat ik graag zou komen. Ik had een geweldige eerste week in mijn nieuwe huis, en ik ben opgewonden over alle nieuwe avonturen die in het verschiet liggen. Vandaag ga ik weer op verkenning in de achtertuin en kijken wat ik nog meer kan vinden. Wie weet, misschien vind ik wel een **schat**. Ik kan niet wachten om te zien wat de volgende week brengt! De volgende week ging ik weer op verkenning in de achtertuin, en ik vond een **geheime** tuin. Het was zo mooi! Er waren overal bloemen en een kleine vijver met vissen erin. Ik zag ook een schommel die ik nog niet eerder had gezien. Ik was zo opgewonden toen ik deze geheime tuin vond, en ik kan niet wachten om hem verder te verkennen. Het was zo **mooi**!

Er waren overal bloemen en een kleine vijver met vissen erin. Ik zag ook een **schommel** die ik nog niet eerder had gezien. Ik was zo opgewonden toen ik deze geheime tuin vond, en ik kan niet wachten om hem verder te verkennen. Ik vond mijn nieuwe kamer ook geweldig. Hij was zo groot en licht, en er hingen al posters van mijn favoriete bands aan de muur. Ik hoefde niet eens mijn eigen **meubels** mee te nemen, want er stonden al een bed, een dressoir en een bureau. Dit wordt het beste jaar ooit! Ik was een beetje nerveus om op een nieuwe **school** te beginnen, maar al mijn nieuwe buren zijn zo vriendelijk.

Pytania dotyczące rozumienia tekstu

1. Gdzie mieszka ta osoba?

2. Jak osobie podoba się w nowym domu?

3. Jaka jest ulubiona część nowego domu tej osoby?

4. Co osoba znalazła w ogrodzie?

5. Kim są sąsiedzi?

6. Jak wyglądały pierwsze dni osoby w nowym domu?

7. Jaka jest ulubiona część nowego pokoju osoby?

8. Co ta osoba planuje zrobić jutro?

9. Co było najlepszym elementem pierwszego tygodnia pobytu osoby w nowym domu?

10. Co jest wszystkim w nowym pokoju tej osoby?

Begrip vragen

1. Waar woont de persoon?

2. Hoe vindt de persoon het in het nieuwe huis?

3. Wat is het favoriete deel van het nieuwe huis van de persoon?

4. Wat heeft de persoon in de tuin gevonden?

5. Wie zijn de buren?

6. Hoe voelde de persoon zich de eerste dagen in het nieuwe huis?

7. Wat is het favoriete deel van de nieuwe kamer van de persoon?

8. Wat is de persoon van plan morgen te doen?

9. Wat was het beste deel van de eerste week van de persoon in het nieuwe huis?

10. Wat is er allemaal in de nieuwe kamer van de persoon?

W pociągu

Pobiegłam na stację kolejową, ale byłam za późno. Pociąg odjechał już beze mnie. Czułam się taka **zła** i **rozczarowana** sobą. Planowałam pojechać pociągiem do dziadków, którzy mieszkają na wsi, ale teraz musiałam czekać całą godzinę na następny pociąg. Zdecydowałem się na spacer po mieście i próbowałem zapomnieć o straconej szansie. Podczas spaceru zacząłem **marzyć** o wszystkich miejscach, do których mogą zabrać cię **pociągi**. Nagle, nie byłem już tak zdenerwowany. I head back into the station and can't help but to notice the large red, white, and blue locomotive chugging its way towards me. Dopiero gdy widzę **konduktora** machającego do mnie z okna, zdaję sobie sprawę, że ten pociąg jest dla mnie. Wsiadam do pociągu i znajduję swoje miejsce siedzące, nastawiając się na to, co zapowiada długą podróż.

Kiedy wyjeżdżamy ze stacji, nie mogę przestać się zastanawiać, dokąd zabierze mnie ten pociąg. Przez zielone **pola** i błękitne rzeki, przez góry i doliny, nie wiadomo dokąd ten stary pociąg pojedzie. Gdy noc zaczyna zapadać, zapadam w **spokojny** sen, kołysany **rytmicznym** ruchem wagonów na torach poniżej. Gdy nadchodzi ranek, otwieram oczy i stwierdzam, że dotarliśmy do małego miasteczka gdzieś na odludziu.

In de trein

Ik rende naar het treinstation, maar ik was te laat. De trein was al vertrokken zonder mij. Ik voelde me zo **boos** en **teleurgesteld** in mezelf. Ik was van plan om met de trein naar mijn grootouders te gaan die op het platteland wonen, maar nu moest ik een heel uur wachten op de volgende trein. Ik besloot in plaats daarvan een eindje door de stad te lopen en probeerde mijn gemiste kans te vergeten. Terwijl ik liep, begon ik **te dagdromen** over alle plaatsen waar **treinen** je kunnen brengen. Plotseling was ik niet meer zo van streek. Ik liep terug naar het station en zag de grote rood-wit-blauwe locomotief die op me af kwam rijden. Pas als ik de **conducteur** vanuit het raam naar me zie zwaaien, realiseer ik me dat deze trein voor mij is. Ik stap in de trein en zoek een zitplaats. Ik ga zitten voor wat een lange reis belooft te worden.

Terwijl we het station uitrijden, vraag ik me af waar deze trein me heen zal brengen. Door groene **velden** en over blauwe rivieren, langs bergen en valleien, het is niet te zeggen waar deze oude trein heen zal gaan. Als de nacht begint te vallen, drijf ik weg in een **vredige** slaap, gewiegd door de **ritmische** beweging van de wagons op de sporen beneden. Als het weer ochtend wordt, open ik mijn ogen en zie dat we in een klein stadje

Słońce właśnie zagląda za horyzont, a mieszkańcy zaczynają się kręcić po głównej ulicy; wygląda to jak każdy inny dzień, z wyjątkiem jednej rzeczy - w pobliżu ratusza jest duży znak z napisem "Witamy na pokładzie!". Wydaje się, że to małe miasteczko oczekiwało nas, mimo że jesteśmy tylko zwykłym pociągiem **pasażerskim** przejeżdżającym w drodze do innego miejsca. Kiedy po raz kolejny zostawiamy miasto za sobą, pędząc nie wiadomo dokąd, uśmiecham się do wszystkich przyjaznych twarzy machających na pożegnanie z tych małych domów położonych wśród **pól - to** naprawdę niesamowite, jak coś tak pozornie zwyczajnego może przynieść tyle radości po prostu przejeżdżając. A potem, oczywiście, są **dzieci**.

Wychylam się przez okno mojej lokomotywy. Zawsze mnie uszczęśliwiają swoimi błyszczącymi oczami i wielkimi uśmiechami. Pomachałem do nich energicznie, zanim wróciłem do mojej **kabiny** i zająłem miejsce. To był długi dzień, ale jeszcze się nie skończył, zostało jeszcze kilka godzin, zanim dotrzemy do **celu**. Wyciągam książkę i zaczynam czytać, pozwalając, by rytmiczne kołysanie pociągu wprowadziło mnie w spokojny stan. Co jakiś czas spoglądam na krajobraz, który mija na zewnątrz - nigdy się nie nudzi, niezależnie od tego, ile razy go widzę. W końcu noc zaczyna zapadać i w oddali zaczynają pojawiać się **migoczące** światła; jesteśmy już coraz bliżej.

ergens in niemandsland zijn aangekomen. De zon komt net boven de horizon als de plaatselijke bevolking zich in de hoofdstraat begint te mengen; het ziet er hier uit als elke andere dag, behalve één ding - er hangt een groot bord bij het stadhuis met de tekst "Welkom aan boord!" Het lijkt erop dat dit stadje ons verwacht, ook al zijn we maar een gewone passagierstrein op doorreis naar elders. Terwijl we de stad weer achter ons laten, op weg naar wie weet waar, glimlach ik om al die vriendelijke gezichten die ons uitzwaaien vanuit die kleine huisjes tussen **het boerenland -** het is echt verbazingwekkend hoe iets dat zo gewoon lijkt, zoveel vreugde kan brengen door er gewoon langs te rijden. En dan, natuurlijk, zijn er de **kinderen**.

Ik leun uit het raam van mijn locomotief. Ze maken me altijd zo blij met hun stralende ogen en grote grijnzen. Ik zwaai energiek naar ze terug voordat ik terugga naar mijn **cabine** en ga zitten. Het was al een lange dag, maar hij is nog niet voorbij; het duurt nog een paar uur voordat we onze **eindbestemming** bereiken. Ik pak mijn boek en begin te lezen, terwijl het ritmische schommelen van de trein me in een vredige toestand brengt. Af en toe kijk ik op naar het landschap dat buiten aan me voorbijtrekt - het verveelt nooit, hoe vaak ik het ook zie. Uiteindelijk begint de nacht te vallen en verschijnen er **twinkelende** lichtjes in de verte; we komen nu in de buurt.

Pytania dotyczące rozumienia tekstu

1. Dokąd jedzie pociąg?

2. Kto podróżuje w pociągu?

3. Kiedy odjeżdża pociąg?

4. W jaki sposób bohater dostaje się do pociągu?

5. Skąd pochodzi pociąg?

6. Gdzie pociąg jedzie dalej?

7. Kiedy przyjechali pasażerowie?

8. Co czuje bohater, gdy spóźnia się na pociąg?

9. Jak reaguje maszynista pociągu, gdy widzi bohatera?

10. Dlaczego bohater lubi pociągi?

Begrip vragen

1. Waar gaat de trein heen?

2. Wie reist er met de trein?

3. Wanneer vertrekt de trein?

4. Hoe komt de hoofdpersoon op de trein?

5. Waar komt de trein vandaan?

6. Waar gaat de trein nu heen?

7. Wanneer zijn de passagiers aangekomen?

8. Hoe voelt de hoofdpersoon zich als hij de trein mist?

9. Hoe reageert de treinmachinist als hij de hoofdpersoon ziet?

10. Waarom houdt de hoofdpersoon van treinen?

Gotowanie Kolacja

Jest teraz godzina 17 i wracam z pracy do domu. Cieszę **się na** spokojny wieczór w domu z moim partnerem. Ugotujemy razem kolację, a potem po prostu zrelaksujemy się przez resztę nocy. Dobrze jest wiedzieć, że tego **wieczoru** nie mam żadnych planów ani zobowiązań. Przyjeżdżam do domu i mój partner jest już w kuchni, zaczynając przygotowywać naszą kolację. Pachnie tu **niesamowicie**! Rozmawiamy w trakcie gotowania, śledząc nawzajem swoje dni i dzieląc się małymi historiami z naszego życia zawodowego. Kuchnia jest moim ulubionym pomieszczeniem w naszym mieszkaniu. Uwielbiam gotować, a szczególnie uwielbiam gotować z moim partnerem. Zawsze dobrze się bawimy, śmiejąc się i żartując podczas gotowania. Dodatkowo, jedzenie jest zawsze **niesamowite,** kiedy pracujemy **razem**.

Dzisiaj robimy jeden z moich ulubionych przepisów: **kurczak** parmezan. Mój partner zaczyna od smażenia kurczaka, podczas gdy ja przygotowuję sos na **kuchence**. Pracujemy razem jak dobrze naoliwiona maszyna, a przed długi czas, obiad jest gotowy do podania. Siadamy przy naszym małym kuchennym stole z **talerzami wypełnionymi kurczakiem** parmezanem, makaronem i sałatką. Pijemy kieliszki

Diner koken

Het is nu 5 uur 's middags en ik loop van mijn werk naar huis. Ik kijk **uit** naar een rustige avond thuis met mijn partner. We zullen samen eten koken en dan de rest van de avond ontspannen. Het voelt goed om te weten dat ik deze **avond** geen plannen of verplichtingen heb. Ik kom thuis en mijn partner is al in de keuken om ons eten klaar te maken. Het ruikt hier geweldig! We kletsen terwijl we koken, praten bij over elkaars dagen en delen kleine verhalen uit ons werkleven. De keuken is mijn favoriete kamer in ons appartement. Ik hou van koken, en vooral van koken met mijn partner. We hebben het hier altijd zo gezellig, we lachen en maken grapjes terwijl we koken. En het eten is altijd **heerlijk** als we **samenwerken**.

Vanavond maken we een van m'n lievelingsrecepten: Parmezaanse kip. Mijn partner begint met het paneren van de kip, terwijl ik de saus op het **fornuis** laat pruttelen. We werken samen als een goed geoliede machine en al snel is het eten klaar om op te dienen. We gaan aan onze kleine keukentafel zitten met **borden** vol met Parmezaanse kip, pasta en salade. We klinken op de glazen en nemen onze eerste hap, en het is **hemels**! De kip is knapperig van buiten maar sappig van binnen; de saus is smaakvol en perfect;

i bierzemy pierwszy kęs - i to jest **niebiańskie**! Kurczak jest chrupiący na zewnątrz, ale soczysty w środku; sos jest aromatyczny i doskonały; makaron jest ugotowany al dente... wszystko smakuje dziś absolutnie idealnie. Oboje wiemy, że to była jedna z tych nocy, gdzie wszystko po prostu połączyło się idealnie, gdy **delektujemy się** każdym ostatnim kęsem naszego pysznego posiłku. Smakowało nawet lepiej niż pachniało - co było cholernie dobre! Kończymy nasz posiłek stosunkowo szybko, ponieważ żadne z nas nie jest dziś szczególnie głodne, ale nie spieszymy się, delektując się kilkoma kolejnymi **kieliszkami** wina podczas lekkiej pogawędki na ten i ów temat. Po kolacji szybko sprzątamy razem, a następnie przenosimy się do salonu, gdzie spędzamy trochę czasu **przytulając się do** kanapy podczas oglądania telewizji.

To takie miłe uczucie być blisko siebie po długim dniu **pracy**. Czuję się zadowolona. Mimo, że wieczór nie był pełen wrażeń, miło było po prostu spędzić trochę czasu razem, bez konieczności wychodzenia z domu. Obejrzeliśmy film i poszliśmy wcześnie spać, czując się **zadowoleni** z naszej prostej nocy. To stała się jedna z naszych **ulubionych** rzeczy do zrobienia w nocy, kiedy nie chcemy wychodzić - po prostu zrelaksować się w domu i cieszyć się swoim towarzystwem przy domowym posiłku. Zawsze miło jest wiedzieć, że możemy tu wrócić po długim dniu i po prostu być sobą.

de pasta is al dente gekookt... alles smaakt absoluut perfect vanavond. We weten allebei dat dit een van die avonden was waarop alles perfect samenkwam en we **genieten van** elke laatste hap van onze heerlijke maaltijd. Het smaakte nog beter dan het rook, en dat was verdomd goed! We eten relatief snel, omdat geen van ons beiden vandaag honger heeft, maar we nemen de tijd om nog een paar **glazen** wijn te drinken terwijl we luchtig kletsen over van alles en nog wat. Na het eten ruimen we snel samen op en gaan dan naar de woonkamer, waar we een poosje **knuffelen** op de bank terwijl we TV kijken.

Het voelt zo fijn om dicht bij elkaar te zijn na een lange dag apart **werken**. Ik voel me voldaan. Ook al hadden we geen avond vol belevenissen, het was fijn om gewoon wat tijd met elkaar door te brengen zonder het huis uit te hoeven. We keken een film en gingen vroeg naar bed, met een **voldaan** gevoel over onze eenvoudige avond. Dit is een van onze **favoriete** dingen geworden om te doen op avonden dat we niet uit willen gaan - gewoon thuis ontspannen en genieten van elkaars gezelschap tijdens een zelfgekookte maaltijd. Het is altijd fijn om te weten dat we hier na een lange dag kunnen terugkomen en gewoon onszelf kunnen zijn.

Pytania dotyczące rozumienia tekstu

1. Skąd pochodzi narrator?

2. Co robi narrator po pracy?

3. Co narrator je na obiad?

4. Dlaczego narratorowi podoba się kuchnia?

5. Jakie danie gotuje ta para?

6. Jak czuje się narrator pod koniec wieczoru?

7. Co jest ulubionym zajęciem pary?

8. Co robi para, gdy jest zmęczona?

9. Gdzie oni śpią?

10. Dlaczego narrator lubi przebywać w domu?

Begrip vragen

1. Waar komt de verteller vandaan?

2. Wat doet de verteller na het werk?

3. Wat eet de verteller als avondeten?

4. Waarom houdt de verteller van de keuken?

5. Wat voor gerecht kookt het stel?

6. Hoe voelt de verteller zich aan het eind van de avond?

7. Wat is het favoriete ding van het koppel om te doen?

8. Wat doet het stel als ze moe worden?

9. Waar slapen ze?

10. Waarom blijft de verteller graag thuis?

Walking Home

To była **spokojna** noc, kiedy szedłem do domu z pracy. Idąc, nie mogłem się powstrzymać od uśmiechu na wspomnienie. Dobrze było być z powrotem w mojej starej dzielnicy. Pomachałem do kilku osób, które znałem, a oni pomachali z powrotem. Dobrze było być w domu. Przechodziłem obok mojej starej szkoły i **przypomniałem sobie** wszystkie dobre czasy, które miałem z moimi przyjaciółmi. Zawsze wracaliśmy do domu razem i rozmawialiśmy o naszym dniu. **Czasami zatrzymywaliśmy się,** żeby kupić lody lub pójść do parku. To były najlepsze czasy. Brakuje mi tych czasów. Ale teraz mam własną rodzinę i jestem zadowolony z mojego życia. Cieszę się, że mogę spojrzeć wstecz na te wspomnienia i uśmiechnąć się. Są one częścią mojego życia, którą zawsze będę pielęgnować. To były najlepsze czasy. Tęsknię za tymi czasami. Ale teraz mam własną rodzinę i jestem zadowolony z mojego życia. Cieszę się, że mogę spojrzeć wstecz na te **wspomnienia** i uśmiechnąć się. Są one częścią mojego życia, którą zawsze będę cenić.

Idę dalej, myśląc o dobrych chwilach spędzonych z moimi przyjaciółmi. Wiem, że niedługo znów ich zobaczę. Kieruję się w stronę mojego domu i postanawiam przejść się po pobliskim parku.

Walking Home

Het was een **rustige** avond toen ik van mijn werk naar huis liep. Terwijl ik liep, kon ik niet anders dan glimlachen bij de herinneringen. Het voelde goed om terug in mijn oude buurt te zijn. Ik zwaaide naar een paar mensen die ik kende, en zij zwaaiden terug. Het was goed om thuis te zijn. Ik liep langs mijn oude school en **herinnerde me** alle leuke tijden die ik had met mijn vrienden. We liepen altijd samen naar huis en praatten over onze dag. **Soms** stopten we om een ijsje te halen of gingen we naar het park. Dat waren de beste tijden. Ik mis die tijden. Maar nu heb ik mijn eigen familie en ik ben blij met mijn leven. Ik ben blij dat ik op die herinneringen kan terugkijken en glimlachen. Ze zijn een deel van mijn leven dat ik altijd zal koesteren. Dat waren de beste tijden. Ik mis die tijden. Maar nu heb ik mijn eigen familie en ben ik gelukkig met mijn leven. Ik ben blij dat ik kan terugkijken op die **herinneringen** en kan glimlachen. Ze zijn een deel van mijn leven dat ik altijd zal koesteren.

Ik blijf lopen, denkend aan de goede tijden die ik had met mijn vrienden. Ik weet dat ik ze snel weer zal zien. Ik ga richting mijn huis en besluit door een park in de buurt te lopen. De zon gaat onder en de lucht kleurt **prachtig** oranje. Het park is leeg, behalve een

Słońce zachodzi, a niebo przybiera **piękny** pomarańczowy kolor. Park jest pusty, oprócz kilku ptaków ćwierkających na drzewach. Biorę głęboki **oddech** i uśmiecham się. Kiedy przechodzę przez park, widzę strzelającą gwiazdę, która rozciąga się po niebie. Wypowiedziałem życzenie do tej gwiazdy i kontynuowałem spacer. Myślę o moim dniu w pracy i o tym, jaki był **spokojny**. Uśmiecham się do siebie, myśląc o tym, jakie mam szczęście, że mam tak wspaniałą pracę. Idę do domu, **czując** chłodne nocne powietrze na swojej skórze. Czuję się tak żywy i szczęśliwy, po prostu ciesząc się prostym aktem chodzenia do domu w spokojną noc. Czułem się tak dobrze, że zacząłem **gwizdać**. Przeszedłem obok kilku osób na ulicy, ale wszyscy byli zajęci swoimi sprawami.

Skręciłem za róg mojej ulicy i zobaczyłem kota mojego sąsiada, pana Whiskersa, siedzącego na moim ganku. Przywitałem się z nim, a on odwzajemnił miauknięcie. **Odblokowałem** drzwi i wszedłem do środka. Byłam taka szczęśliwa, że jestem w domu. Zdjąłem buty i przygotowałem się do snu. Położyłam się do łóżka, czując się szczęśliwa i wdzięczna, moje serce było pełne miłości. Spałem spokojnie przez całą noc, nie martwiąc się o nic. Obudziłam się ze spokojnego snu i **powitało mnie** słońce świecące przez moje okno. Wstałem z łóżka i przeciągnąłem się, biorąc głęboki oddech i czując, jak chłodne powietrze wypełnia moje płuca.

paar vogels die in de bomen tjilpen. Ik haal diep **adem** en glimlach. Terwijl ik door het park loop, zie ik een vallende ster door de lucht scheren. Ik doe een wens op die ster, en loop verder. Ik denk aan mijn dag op het werk en hoe **vredig** het was. Ik glimlach in mezelf, denkend aan hoe gelukkig ik ben dat ik zo'n geweldige baan heb. Ik loop naar huis en **voel** de koele nachtlucht op mijn huid. Ik voel me zo levendig en gelukkig, gewoon genietend van de eenvoudige handeling van het naar huis lopen op een vredige avond. Ik voelde me zo goed, dat ik begon te **fluiten**. Ik liep langs een paar mensen op straat, maar ze bemoeiden zich allemaal met hun eigen zaken.

Ik draaide de hoek van mijn straat om en zag de kat van mijn buren, Mr. Whiskers, op mijn veranda zitten. Ik zei hem gedag en hij miauwde terug. Ik **deed** mijn deur **van het slot** en ging naar binnen. Ik was zo blij om thuis te zijn. Ik trok mijn schoenen uit en maakte me klaar om naar bed te gaan. Ik ging die avond naar bed met een blij en dankbaar gevoel, mijn hart vol liefde. Ik sliep de hele nacht rustig door, zonder me ergens zorgen over te maken. Ik werd wakker uit een rustgevende slaap en werd **begroet** door de zon die door mijn raam naar binnen scheen. Ik stapte uit bed en rekte me uit, haalde diep adem en voelde hoe de koele lucht mijn longen vulde.

Pytania dotyczące rozumienia tekstu

1. Co robił bohater w momencie rozpoczęcia opowieści?

2. O czym myślał bohater podczas spaceru do domu?

3. Co bohater robił kiedyś z przyjaciółmi po szkole?

4. Czego bohaterowi brakuje w tamtych czasach?

5. Co bohater myśli o swoim obecnym życiu?

6. Co robi bohater, gdy widzi spadającą gwiazdę?

7. Jak czuje się bohater podczas spaceru do domu?

8. Co robi bohater po powrocie do domu?

9. Jak się czuje bohater po przebudzeniu następnego ranka?

10. Co bohater robi następnego dnia?

Begrip vragen

1. Wat was de hoofdpersoon aan het doen toen het verhaal begon?

2. Waar dacht de hoofdpersoon aan toen hij naar huis liep?

3. Wat deed de hoofdpersoon vroeger met vrienden na school?

4. Wat mist de hoofdpersoon van die tijd?

5. Wat vindt de hoofdpersoon van zijn huidige leven?

6. Wat doet de hoofdpersoon als hij een vallende ster ziet?

7. Hoe voelt de hoofdpersoon zich als ze naar huis lopen?

8. Wat doet de hoofdpersoon als ze thuiskomen?

9. Hoe voelt de hoofdpersoon zich als hij de volgende ochtend wakker wordt?

10. Wat doet de hoofdpersoon de volgende dag?

Zamek

Rodzina zawsze chciała odwiedzić stary zamek w **Niemczech** i w końcu wybrali się na wycieczkę. Nie byli **rozczarowani**. Zamek był piękny i z przyjemnością zwiedzali jego liczne pokoje i korytarze. Pierwszą rzeczą, która ich uderzyła, był zapach. Znaleźli **pleśń**, wilgoć i coś jeszcze, czego nie potrafili określić. Drugą rzeczą był dźwięk. Kamienne ściany są grube, ale nie tłumią całkowicie dźwięków. Słyszeli każdy krok, każde słowo wypowiedziane normalnym głosem i okazjonalne kapanie wody **gdzieś** w oddali. Gdy ich oczy przyzwyczaiły się do słabego światła, zobaczyli masywne kamienne ściany ciągnące się dookoła nich, gobeliny zwisające z nich w **potarganych** strzępach. Stali w ogromnej sali z wysokim sufitem wspartym na rzeźbionych filarach. Podobały im się też widoki z wieżyczek, a dzieci świetnie się bawiły, biegając po terenie. Kiedy skończyli zwiedzać zamek, **słońce** zaczęło już zachodzić i żałowali, że nie wzięli ze sobą **latarki**. Postanowili wrócić do wejścia, ale szybko się zgubili. Błąkali się godzinami, aż w końcu natrafili na drzwi prowadzące na zewnątrz. Szli dalej, aż doszli **do** końca korytarza i stanęli przed imponującym zestawem podwójnych drzwi. Próbowali jak mogli, ale drzwi nie chciały się ruszyć. Grzechotały **złowieszczo,** ale nie poruszały się ani o cal. Wyglądało na to, że ktokolwiek

Het kasteel

De familie had altijd al eens een oud kasteel in **Duitsland** willen bezoeken, en eindelijk hebben ze de reis gemaakt. Ze werden niet **teleurgesteld**. Het kasteel was prachtig, en ze genoten van het verkennen van de vele kamers en gangen. Het eerste wat hen trof was de geur. Ze vonden **schimmel**, vochtigheid, en iets anders waar ze hun vinger niet op konden leggen. Het tweede was het geluid. Stenen muren zijn dik, maar ze dempen het geluid niet volledig. Ze hoorden elke voetstap, elk woord dat met een normale stem werd gesproken, en af en toe een druppeltje water **ergens** in de verte. Toen hun ogen zich aanpasten aan het zwakke licht, zagen zij overal om hen heen massieve stenen muren opdoemen, waaraan wandtapijten in flarden hingen. Ze stonden in een enorme hal met een hoog plafond, ondersteund door gebeeldhouwde pilaren. Ze hielden ook van het uitzicht vanaf de torentjes, en de kinderen vermaakten zich met rondrennen over het terrein. De **zon** begon al onder te gaan tegen de tijd dat ze klaar waren met het verkennen van het kasteel, en ze betreurden het dat ze geen **zaklamp** hadden meegenomen. Ze besloten om terug te gaan naar de ingang, maar al snel waren ze verdwaald. Ze dwaalden urenlang rond, tot ze eindelijk een deur tegenkwamen die naar buiten

był tu wcześniej, musiał przez nie przejść i zamknąć je od środka. W końcu znaleźli wyjście. Ulga ogarnęła ich, gdy wyszli na chłodne, nocne powietrze.

Słońce zaczęło zachodzić i **żałowali,** że nie wzięli ze sobą latarki. Postanowili wrócić do wejścia, ale szybko się zgubili. Błąkali się godzinami, aż w końcu natrafili na drzwi prowadzące na **zewnątrz**. Ulga ogarnęła ich, gdy wyszli na chłodne nocne powietrze. Następnego wieczoru upewnili się, że zabrali ze sobą latarkę, aby zwiedzić resztę zamku. Przeszli przez **dziedziniec** i zeszli do rzeki, która płynęła za murami **zamku.** Gdy szli, zaczęli słyszeć dziwne odgłosy. Brzmiało to tak, jakby ktoś za nimi szedł. Przyspieszyli kroku, ale odgłosy były coraz głośniejsze i bliższe. Rodzina biegła z powrotem do zamku tak szybko, jak tylko mogła i z ulgą zauważyła, że postać w **ciemnym** płaszczu nie poszła za nimi.

leidde. Ze liepen door tot ze **aan het** eind van de gang kwamen bij een imposant stel dubbele deuren. Hoe ze ook probeerden, de deuren wilden niet bewegen. Ze rammelden **onheilspellend**, maar bewogen geen centimeter. Het leek erop dat degene die hier eerder was, hier doorheen was gegaan en ze van binnenuit had afgesloten. Uiteindelijk vinden ze een uitweg. Opluchting overspoelde hen toen ze naar buiten stapten in de koele nachtlucht.

De zon begon onder te gaan en zij **betreurden het** dat zij geen zaklamp hadden meegenomen. Ze besloten terug te gaan naar de ingang, maar al gauw waren ze verdwaald. Ze dwaalden urenlang rond, tot ze eindelijk een deur tegenkwamen die **naar buiten** leidde. Opluchting overviel hen toen ze naar buiten stapten in de koele nachtlucht. De volgende avond namen ze een zaklamp mee om de rest van het kasteel te verkennen. Ze liepen over de **binnenplaats** en naar de rivier die achter de kasteelmuren stroomde. Terwijl ze rondliepen, begonnen ze vreemde geluiden te horen. Het klonk alsof iemand hen volgde. Ze versnelden hun pas, maar de geluiden werden luider en dichterbij. De familie rende zo snel als ze konden terug naar het kasteel, en ze waren opgelucht toen ze zagen dat de figuur in de **donkere** mantel hen niet was gevolgd.

Pytania dotyczące rozumienia tekstu

1. Co zrobiła rodzina, gdy zgubiła się w zamku?

2. Jak czuła się rodzina, gdy dowiedziała się, że to tylko miejscowy człowiek?

3. Co takiego zrobił mężczyzna, że został aresztowany?

4. Jaki był wyrok dla tego człowieka?

5. Jaki hałas usłyszała rodzina podczas spaceru?

6. Gdzie była postać w ciemnym płaszczu, gdy zobaczyła ją rodzina?

7. Co robiła rodzina po powrocie do pokoju?

8. Kiedy rodzina ponownie poszła zwiedzać zamek?

9. Co to była za rzecz, której rodzina nie mogła umieścić na palcu?

10. Co robiła rodzina, zanim ponownie poszła zwiedzać zamek?

Begrip vragen

1. Wat deed de familie toen ze verdwaald waren in het kasteel?

2. Hoe voelde de familie zich toen ze erachter kwamen dat het gewoon een lokale man was?

3. Wat heeft de man gedaan waardoor hij gearresteerd is?

4. Wat was de straf voor de man?

5. Welk geluid hoorde de familie tijdens de wandeling?

6. Waar was de figuur in de donkere mantel toen de familie hem zag?

7. Wat deed de familie toen ze terugkwamen in hun kamer?

8. Wanneer ging de familie het kasteel weer verkennen?

9. Wat was het ding waar de familie hun vinger niet op konden leggen?

10. Wat deed de familie voordat ze weer op verkenning gingen in het kasteel?

Mój ogród

Mój ogród to moje szczęśliwe miejsce. Wychodzę tam codziennie, czy to w deszczu, czy w słońcu, i spędzam czas pielęgnując moje rośliny. Mam trochę **wszystkiego - warzyw**, owoców, kwiatów, ziół. Mam nawet kilka kurczaków, które pomagają utrzymać szkodniki na dystans. Zaczynam dni w ogrodzie od zebrania jaj od kurcząt. Następnie sprawdzam, czy moje warzywa mają wystarczająco dużo wody i słońca. Odchwaszczam grządki i wyrywam wszelkie robaki, które mogą **atakować** rośliny. Kiedy już **wszystko** jest załatwione, siadam i cieszę się spokojem i ciszą natury.

Zawsze uwielbiałam spędzać czas w moim ogrodzie. Jest coś w byciu otoczonym przez naturę i całe jej **piękno,** które ma do zaoferowania. Uważam, że jest to bardzo spokojne i uspokajające miejsce. Często spędzam czas w ogrodzie, relaksując się i podziwiając krajobraz. Lubię też pracować w ogrodzie i uprawiać różne rzeczy. Mam całkiem spory ogród i lubię w nim uprawiać różne rzeczy. Uprawiam kwiaty, **warzywa** i zioła. Mam też kilka drzew owocowych, które rodzą pyszne jabłka, gruszki i śliwki. Oprócz uprawiania rzeczy, lubię też spędzać czas na spacerach po moim ogrodzie, **podziwiając** różne rośliny i zwierzęta, które nazywają go domem. Przez lata spędziłam

Mijn tuin

Mijn tuin is mijn geluksplek. Ik ga er elke dag heen, regen of zonneschijn, en besteed tijd aan het verzorgen van mijn planten. Ik heb een beetje van **alles:** **groenten**, fruit, bloemen, kruiden. Ik heb zelfs een paar kippen die helpen het ongedierte op afstand te houden. Ik begin mijn dagen in de tuin met het rapen van eieren bij de kippen. Dan controleer ik mijn groenten en zorg ervoor dat ze genoeg water en zon krijgen. Ik wied de bedden en verwijder insecten die de planten kunnen **aanvallen**. Als **alles** is gedaan, leun ik achterover en geniet van de rust en stilte van de natuur.

Ik heb altijd graag tijd doorgebracht in mijn tuin. Er is iets met het omringd zijn door de natuur en al het **mooois** dat zij te bieden heeft. Ik vind het een heel vredige en kalmerende plek. Ik breng vaak tijd door in mijn tuin, gewoon om te ontspannen en te genieten van het landschap. Ik geniet er ook van om in mijn tuin te werken en dingen te kweken. Ik heb een behoorlijk grote tuin, en ik kweek er graag **verschillende** dingen in. Ik kweek bloemen, **groenten** en kruiden. Ik heb ook een paar fruitbomen die heerlijke appels, peren en pruimen voortbrengen. Naast het kweken van dingen, vind ik het ook leuk om gewoon in mijn tuin rond te lopen en de verschillende planten en dieren te

wiele godzin pracując nad tym, aby mój **ogród** stał się miejscem nie tylko pięknym, ale i funkcjonalnym. Uwielbiam obserwować ptaki latające wokół i słuchać ich śpiewu. Czasami nawet przynoszę książkę i czytam w ogrodzie otoczona całym pięknem, które stworzyłam. **Ogrodnictwo** jest moją pasją i przynosi mi tyle radości. Każdy dzień w moim ogrodzie to dobry dzień.

Jedną z rzeczy, które uwielbiam robić jest gotowanie, więc posiadanie dobrze zaopatrzonego ogrodu ziołowego jest dla mnie bardzo **ważne**. Tymianek, bazylia, oregano, rozmaryn, szałwia i lawenda to tylko niektóre z ziół, które lubię uprawiać w moim ogrodzie, aby móc ich używać podczas gotowania posiłków dla siebie lub dla **gości**. Kolejną rzeczą, która jest dla mnie ważna, jeśli chodzi o mój ogród, jest upewnienie się, że jest w nim dużo kolorów. Aby osiągnąć ten cel, uprawiam wiele różnych kwiatów, takich jak **róże**, lilie, stokrotki, tulipany, niecierpki, nagietki itp. Oprócz dodawania kolorów za pomocą kwiatów, lubię również dodawać zainteresowania poprzez stosowanie różnych **faktur w** całym ogrodzie. Na przykład mogę posadzić paprocie pod strzelistymi słonecznikami lub hosty **obok** kolczastych traw ozdobnych. Niezależnie od tego, co jeszcze dzieje się w życiu, praca w ogrodzie zawsze pomaga mi poczuć się bardziej związaną z naturą i spokojną z samą sobą.

bewonderen die er wonen. Ik heb in de loop der jaren vele uren besteed om van mijn **tuin** een plek te maken die niet alleen mooi is, maar ook functioneel. Ik kijk graag naar de vogels die rondfladderen en luister naar hun gezang. Soms haal ik zelfs een boek tevoorschijn en lees in de tuin terwijl ik omringd ben door al het moois dat ik heb gecreëerd. **Tuinieren** is mijn passie en het brengt me zoveel vreugde. Elke dag in mijn tuin is een goede dag.

Een van de dingen die ik graag doe is koken, dus een goed gevulde kruidentuin is erg **belangrijk** voor me. Tijm, basilicum, oregano, rozemarijn, salie en lavendel zijn slechts enkele van de kruiden die ik graag in mijn tuin kweek, zodat ik ze kan gebruiken bij het bereiden van maaltijden voor mezelf of voor **gasten**. Wat ik ook belangrijk vind in mijn tuin is dat er veel kleur in zit. Om dit doel te bereiken, kweek ik een grote verscheidenheid aan bloemen, waaronder **rozen**, lelies, madeliefjes, tulpen, impatiens, goudsbloemen, enz. Naast het toevoegen van kleur met bloemen, vind ik het ook leuk om verschillende **texturen te** gebruiken in de tuin. Zo plant ik bijvoorbeeld varens onder torenhoge zonnebloemen of hosta's **naast** stekelige siergrassen. Wat er verder ook aan de hand is in mijn leven, door in mijn tuin **te** werken voel ik me altijd meer verbonden met de natuur en in vrede met mezelf.

Pytania dotyczące rozumienia tekstu

1. Gdzie znajduje się ogród autora?

2. Ile kurczaków ma autor?

3. Co autor robi na co dzień w ogrodzie?

4. Dlaczego autorowi podoba się ogród?

5. Jakie zioła sadzi autor w ogrodzie?

6. Dlaczego dla autora ważne jest, że w jego ogrodzie jest wiele kolorów?

7. W jaki sposób autor wprowadza różnorodność do swojego ogrodu?

8. Co czuje autor, gdy pracuje w swoim ogrodzie?

9. Co sprawia, że autor czuje się związany, gdy jest w swoim ogrodzie?

10. Dlaczego każdy dzień w ogrodzie autora jest dobrym dniem?

Begrip vragen

1. Waar is de tuin van de auteur?

2. Hoeveel kippen heeft de schrijver?

3. Wat doet de schrijver elke dag in de tuin?

4. Waarom houdt de auteur van de tuin?

5. Welke kruiden plant de auteur in de tuin?

6. Waarom is het belangrijk voor de auteur dat er veel kleuren in zijn tuin zijn?

7. Hoe brengt de auteur afwisseling in zijn tuin?

8. Hoe voelt de schrijver zich als hij in zijn tuin werkt?

9. Waardoor voelt de auteur zich verbonden als hij in zijn tuin is?

10. Waarom is elke dag in de tuin van de auteur een goede dag?

Idziemy na zakupy

Uwielbiam chodzić na **zakupy do** centrum handlowego. Zawsze jest tak dużo zabawy, aby chodzić i patrzeć na wszystkie różne sklepy. W centrum handlowym każdy znajdzie coś dla siebie i zawsze jest to świetne miejsce na znalezienie okazji na ubrania, buty i akcesoria. **Zazwyczaj** zaczynam moją wycieczkę na zakupy od przejścia przez główne **wejście do centrum handlowego**. Stamtąd kieruję się najpierw do moich ulubionych sklepów. Po przejrzeniu tych sklepów, chodzę dookoła i widzę, czy w innych miejscach trwają jakieś wyprzedaże. Zwykle kończę spędzając kilka godzin w centrum handlowym, zanim w końcu dokonam zakupów. Zawsze lubię się spieszyć podczas zakupów, **bo** chcę się upewnić, że dostaję **dokładnie** to, co chcę. Poza tym, w ten sposób jest po prostu przyjemniej!

Zawsze uważam za **fascynujące** obserwowanie ludzi, gdy jestem w centrum handlowym. Można naprawdę wiele powiedzieć o osobie poprzez sposób, w jaki robi zakupy. Niektórzy ludzie są bardzo metodyczni i poświęcają swój czas, podczas gdy inni po prostu wydają się chwytać **wszystko, co** mogą i zmierzać do kasy tak szybko, jak to możliwe. Są też tacy kupujący, którzy wydają się bardziej zainteresowani rozmową przez telefon komórkowy lub pisaniem SMS-ów, niż

Gaan winkelen

Ik hou ervan om te gaan **winkelen** in het winkelcentrum. Het is altijd zo leuk om rond te lopen en naar alle verschillende winkels te kijken. Er is voor elk wat wils in het winkelcentrum, en het is altijd een geweldige plek om deals te vinden voor kleren, schoenen en accessoires. Ik begin mijn shoppingtrip meestal met een wandeling door de **hoofdingang** van het winkelcentrum. Van daaruit ga ik eerst naar mijn favoriete winkels. Na het bekijken van die winkels, loop ik rond en kijk of er een verkoop gaande is op andere plaatsen. Meestal ben ik wel een paar uur in het winkelcentrum voordat ik eindelijk mijn aankopen doe. Ik neem altijd graag mijn tijd als ik ga winkelen**, want** ik wil zeker weten dat ik **precies** krijg wat ik wil. Plus, het is gewoon leuker op die manier!

Ik vind het altijd zo **fascinerend** om mensen te kijken als ik in het winkelcentrum ben. Je kunt echt veel over een persoon vertellen door de manier waarop ze winkelen. Sommige mensen zijn heel methodisch en nemen hun tijd, terwijl anderen gewoon lijken te grijpen **wat** ze kunnen en zo snel mogelijk naar de kassa gaan. Er zijn ook shoppers die meer geïnteresseerd lijken te zijn in het praten op hun mobieltje of in sms'en dan in het bekijken van de koopwaar! Het maakt echter

rzeczywistym oglądaniem jakiegokolwiek towaru! Bez względu na to, jakim typem kupującego jesteś, każdy z nas lubi zakupy przez okno - nawet jeśli niczego nie kupuje. Jest po prostu coś w patrzeniu na wszystkie piękne rzeczy w **witrynach** sklepowych, które sprawiają, że jestem szczęśliwy. Czasami fantazjuję o tym, jak by to było, gdybym mogła sobie pozwolić na **wszystko, co** widzę! Podsumowując, spędzenie dnia na zakupach w centrum handlowym jest jedną z moich ulubionych rozrywek. Jest to świetny sposób na relaks i odprężenie, a jednocześnie zdobycie odrobiny ćwiczeń (jeśli wystarczająco dużo chodzisz). Plus, to **zawsze** miło traktować siebie do nowej koszuli lub pary butów od czasu do czasu!

Miałam **długi** dzień w pracy i wreszcie miałam trochę czasu dla siebie, więc postanowiłam wybrać się na zakupy do centrum handlowego. Potrzebowałam kilku nowych ubrań na **nadchodzący** sezon. Gdy tylko weszłam do środka, zobaczyłam wszystkie jasne światła i błyszczące witryny sklepów. Skierowałam się najpierw do mojego ulubionego sklepu i zaczęłam przeglądać półki. Znalazłam kilka ładnych bluzek i przymierzyłam je w przymierzalni. Kiedy przeglądałam się w lustrze, usłyszałam, że ktoś wchodzi do **garderoby** obok mojej. Rozpoznałam jego głos jako jednego z moich współpracowników. Przywitaliśmy się i zaczęliśmy rozmawiać o pracy.

niet uit wat voor soort shopper je bent, iedereen lijkt te genieten van window shopping - zelfs als je niet echt iets koopt. Er is gewoon iets aan het kijken naar al die mooie dingen in de **etalages** dat me gelukkig maakt. Soms fantaseer ik over hoe het zou zijn als ik me **alles** kon veroorloven wat ik zie! Al met al is een dagje winkelen in het winkelcentrum een van mijn favoriete bezigheden. Het is een geweldige manier om te ontspannen en tot rust te komen, terwijl je ook een beetje beweging krijgt (als je maar genoeg rondloopt). Bovendien is het **altijd** leuk om jezelf af en toe te trakteren op een nieuw shirt of een paar schoenen!

Ik had een **lange** dag op het werk en had eindelijk wat tijd voor mezelf, dus besloot ik te gaan winkelen in het winkelcentrum. Ik had wat nieuwe kleren nodig voor het **komende** seizoen. Zodra ik binnenkwam, zag ik al die felle lichten en glimmende etalages. Ik ging eerst naar mijn favoriete winkel en begon door de rekken te snuffelen. Ik vond een paar leuke topjes en paste ze in de kleedkamer. Terwijl ik mezelf in de spiegel bekeek, hoorde ik iemand de kleedkamer naast de mijne binnenkomen. Ik herkende zijn stem als een van mijn collega's. We zeiden hallo en begonnen te kletsen over het werk.

Pytania dotyczące rozumienia tekstu

1. Gdzie najchętniej przechowujesz?

2. Jaki jest Twój ulubiony sklep w centrum handlowym?

3. Jak długo zazwyczaj przebywasz w centrum handlowym?

4. Co myślisz o ludziach, którzy spędzają dużo czasu w centrum handlowym?

5. Jaka jest Twoja ulubiona rzecz do zrobienia w centrum handlowym?

6. Czy kiedykolwiek kupiłeś coś w centrum handlowym, kiedy tak naprawdę tego nie potrzebowałeś?

7. Jak reagujesz, gdy widzisz w centrum handlowym coś, co bardzo byś chciał, ale jest zbyt drogie?

8. Czy kiedykolwiek widziałeś coś w centrum handlowym i zastanawiałeś się, kto to kupi?

9. Jakie jest Twoje zdanie na temat ludzi, którzy w centrum handlowym zamiast zaglądać do sklepów, zajęci są swoimi telefonami komórkowymi?

Begrip vragen

1. Waar sla je het liefst op?

2. Wat is je favoriete winkel in het winkelcentrum?

3. Hoe lang blijft u meestal in het winkelcentrum?

4. Wat vind je van mensen die veel tijd in het winkelcentrum doorbrengen?

5. Wat is uw favoriete bezigheid in het winkelcentrum?

6. Heb je ooit iets gekocht in het winkelcentrum terwijl je het niet echt nodig had?

7. Hoe reageert u als u in het winkelcentrum iets ziet dat u heel graag zou willen hebben, maar dat te duur is?

8. Heb je ooit iets in het winkelcentrum gezien en je afgevraagd wie het zou kopen?

9. Wat vindt u van mensen die in het winkelcentrum met hun mobieltje bezig zijn in plaats van naar de winkels te kijken?

Na rynku

Budzę się wcześnie w sobotni poranek, z chęcią dotarcia na **rynek,** zanim zrobi się zbyt tłoczno. Zakładam kilka ubrań i wychodzę za drzwi, chwytając po drodze moje torby wielokrotnego użytku. Podczas spaceru zaczynam planować, co chcę zrobić w nadchodzącym tygodniu. Wiem, że chcę **piec** warzywa przynajmniej raz, więc będę musiała kupić kilka dobrej jakości warzyw. Chcę też zrobić zupę lub gulasz, więc będę musiała zaopatrzyć się również w mięso. Będę musiał zobaczyć, co wygląda dobrze, kiedy tam dotrę. Rynek znajduje się zaledwie kilka przecznic dalej, a ja już widzę rozstawione stragany i kręcących się wokół **ludzi.**

Przyjeżdżam na targ i kieruję się prosto do stoiska z warzywami. Wybór jest piękny, a ja wypełniam swoje torby różnymi **świeżymi** produktami. Rozmawiam trochę z rolnikiem, a on poleca mi kilka przepisów. Jestem podekscytowana, że mogę je wypróbować. Rozmawiam z **rolnikami** podczas zakupów, poznając ich i ich produkty. Gdy mam już wszystkie potrzebne warzywa, przechodzę do działu mięsnego. Tutaj jestem trochę bardziej niezdecydowany, ponieważ nie jestem pewien, co chcę dostać. Ostatecznie decyduję się na kurczaka, ponieważ jest uniwersalny i można

Op de markt

Ik sta op zaterdagochtend vroeg op, popelend om naar de **markt te gaan** voordat het te druk wordt. Ik trek wat kleren aan en ga de deur uit, terwijl ik onderweg mijn herbruikbare tassen pak. Terwijl ik loop, begin ik te plannen wat ik de komende week wil maken. Ik weet dat ik minstens één keer groenten wil **roosteren**, dus ik moet wat groenten van goede kwaliteit kopen. Ik wil ook een soep of stoofpot maken, dus ik moet ook wat vlees kopen. Ik zal moeten kijken wat er goed uitziet als ik daar ben. De markt is maar een paar straten verderop, en ik zie de kraampjes al staan en de **mensen al rondlopen**.

Ik kom aan op de markt en ga meteen naar de groentekraam. Het aanbod is prachtig en ik vul mijn tassen met een verscheidenheid aan **verse** producten. Ik maak een praatje met de boer en hij raadt me een paar recepten aan. Ik ben enthousiast om ze uit te proberen. Ik maak een praatje met de **boeren** terwijl ik aan het winkelen ben en leer hen en hun producten kennen. Als ik alle groenten heb die ik nodig heb, ga ik naar de vleesafdeling. Ik aarzel een beetje, omdat ik niet zeker weet wat ik wil hebben. Uiteindelijk kies ik voor kip, omdat dat veelzijdig is en in allerlei gerechten kan worden gebruikt. Ik koop

go wykorzystać w wielu potrawach. Kupuję też kilka różnych kawałków mięsa, upewniając się, że dostanę wołowinę karmioną trawą i **kurczaka z** wolnego wybiegu. Rzeźnik był przyjaznym człowiekiem, zawsze pogodnym pomimo długich godzin pracy. Zapakował moje piersi z kurczaka i stek, a następnie rozmawiał ze mną o swoich planach na weekend. Pożegnałem się z nim i ruszyłem w dalszą drogę. Kupiłem też kilka jajek i ser z działu nabiału.

Rynek tętnił życiem, wszyscy byli chętni, aby dostać w swoje **ręce** świeże produkty i mięso, które były oferowane. W powietrzu unosił się zapach czosnku i cebuli, a dźwięk śmiechu i rozmów wypełniał powietrze. Przedarłem się przez tłum, wybierając inne artykuły, których potrzebowałem do moich cotygodniowych zakupów. Wypełniłem swój **koszyk** owocami i warzywami, makaronem i chlebem, zanim skierowałem się do kasy. Kolejka była długa, ale szybko się przesuwała. Wreszcie, ostatnie **zakupy** zostały kupione i nadszedł czas, aby wrócić do domu. Samochód został załadowany, a jazda do domu była długa i żmudna. Ruch był duży, a upał uciążliwy. W końcu samochód wjechał na podjazd i ulga była wyczuwalna. W domu było chłodno i cicho, i to była przystań po **zgiełku** rynku. Wszystko zostało odłożone na miejsce, a dom szybko wrócił do swojego zwykłego spokoju. Miałam wszystko, czego potrzebowałam, aby przygotować kilka **pysznych** posiłków dla siebie i dla rodziny.

ook een paar verschillende stukken vlees, en zorg ervoor dat ik grasgevoerd rundvlees en **scharrelkip koop**. De slager was een vriendelijke man, altijd vrolijk ondanks de lange uren die hij werkte. Hij pakte mijn kippenborst en biefstuk in voordat hij met me praatte over zijn weekendplannen. Ik nam afscheid van hem en vervolgde mijn weg. Ik heb ook nog wat eieren en kaas meegenomen uit de zuivelafdeling.

Het krioelde van de mensen op de markt, die allemaal stonden te popelen om de verse producten en het vlees dat werd aangeboden in **handen te** krijgen. De lucht hing vol met de geur van knoflook en uien, en het geluid van gelach en gesprekken vulde de lucht. Ik baande me een weg door de menigte en zocht de andere dingen uit die ik nodig had voor mijn wekelijkse boodschappen. Ik vulde mijn **mandje** met fruit en groenten, pasta en brood, voordat ik naar de kassa ging. De rij was lang, maar het ging snel. Eindelijk waren de laatste **boodschappen** gedaan, en was het tijd om naar huis te gaan. De auto werd volgeladen, en de rit naar huis was lang en moeizaam. Het verkeer was druk en de hitte was drukkend. Eindelijk reed de auto de oprit op en de opluchting was voelbaar. Het huis was koel en stil, en het was een oase na de drukte van de markt. Alles werd opgeborgen, en het huis was al snel weer in zijn gebruikelijke rust en stilte. Ik had alles wat ik nodig had om **heerlijke** maaltijden te maken voor mezelf en voor mijn gezin.

Pytania dotyczące rozumienia tekstu

1. Dokąd zmierza ta osoba?

2. Co dana osoba chce kupić?

3. Ile torebek ma ta osoba?

4. Jak daleko znajduje się rynek?

5. Co ta osoba robi w tej chwili?

6. Czym jest wszystko na rynku?

7. Ile osób znajduje się na rynku?

8. Ile czasu zajęło tej osobie kupienie wszystkiego?

9. W jaki sposób osoba wróciła do domu?

10. Co zrobiła ta osoba po powrocie do domu?

Begrip vragen

1. Waar gaat de persoon heen?

2. Wat wil de persoon kopen?

3. Hoeveel tassen heeft de persoon?

4. Hoe ver weg is de markt?

5. Wat doet de persoon op dit moment?

6. Wat is alles op de markt?

7. Hoeveel mensen zijn er op de markt?

8. Hoe lang heeft de persoon erover gedaan om alles te kopen?

9. Hoe is de persoon naar huis gegaan?

10. Wat deed de persoon toen hij of zij thuiskwam?

W kawiarni

Był chłodny **jesienny** poranek, a ja umówiłam się z moją przyjaciółką Lily w naszej ulubionej kawiarni na kawę. Owinęłam się ciepło płaszczem i szalikiem i ruszyłam w drogę. Liście spadały z drzew, a w powietrzu czuć było powiew wiatru, ale świeciło słońce i zapowiadał się piękny dzień. Idąc, **myślałam** o tym, jak dobrze jest mieć taką przyjaciółkę jak Lily. Byłyśmy przyjaciółkami od lat, odkąd poznałyśmy się na **uniwersytecie**. Połączyła nas miłość do kawy i spędzanie czasu na rozmowach w kawiarniach. Nawet jeśli mieszkałyśmy teraz w różnych częściach miasta, nadal udawało nam się spotykać na kawie raz w tygodniu. Dotarłam do kawiarni, a Lily już tam była, czekając na mnie. Uściskałyśmy się na przywitanie, a następnie zamówiłyśmy nasze kawy. Znalazłyśmy stolik przy oknie i usiadłyśmy, aby porozmawiać. **Kawa** była pyszna, jak zawsze, i tak miło było nadrobić zaległości z Lily. Rozmawiałyśmy o naszym tygodniu, naszej pracy i planach na przyszłość. Zawsze tak łatwo było rozmawiać z Lily i czułam, że mogę jej powiedzieć wszystko. Po jakimś czasie zaczęłyśmy być głodne i **postanowiłyśmy** zamówić jakieś jedzenie.

Zamówiliśmy nasze jedzenie i znaleźliśmy miejsce przy oknie. Słońce świeciło przez okno, sprawiając,

In een café

Het was een kille **herfstochtend** en ik had met mijn vriendin Lily afgesproken in ons favoriete café voor een kopje koffie. Ik wikkelde me warm in mijn jas en sjaal en ging op weg. De bladeren vielen van de bomen en de lucht was een beetje fris, maar de zon scheen en het beloofde een mooie dag te worden. Terwijl ik liep, **dacht** ik aan hoe goed het was om een vriendin als Lily te hebben. We waren al jaren vriendinnen, sinds we elkaar op de **universiteit** ontmoetten. We kregen een band door onze voorliefde voor koffie en het kletsen in cafés. Ook al woonden we nu in verschillende delen van de stad, we kwamen nog steeds één keer per week samen om koffie te drinken. Ik kwam aan bij het café, en Lily zat daar al op me te wachten. We omhelsden elkaar en bestelden onze koffie. We vonden een tafeltje bij het raam en gingen zitten kletsen. De **koffie** was heerlijk, zoals altijd, en het was zo leuk om bij te praten met Lily. We spraken over onze week, onze banen, en onze plannen voor de toekomst. Het was altijd zo makkelijk om met Lily te praten, en ik had het gevoel dat ik haar alles kon vertellen. Na een tijdje begonnen we honger te krijgen en **besloten we** wat eten te bestellen.

We **bestelden** ons eten en zochten een plaatsje bij het raam. De zon scheen door het raam naar binnen,

że wszystko było ciepłe i szczęśliwe. Rozmawialiśmy, gdy jedliśmy nasze jedzenie, ciesząc się prostą przyjemnością bycia w swoim **towarzystwie**. Kawiarnia była zatłoczona, ale nie czuło się w niej tłoku. W powietrzu czuć było spokój i zadowolenie. Kiedy skończyliśmy nasze jedzenie, siedzieliśmy jeszcze przez chwilę, ciesząc się spokojną **atmosferą**. Rozmawialiśmy przez chwilę o różnych rzeczach, które działy się w naszym życiu. Miło było spotkać się z moją przyjaciółką i po prostu się **zrelaksować**. Słońce świeciło przez okno i czułyśmy się tak, jakby **nic** nie mogło zrujnować naszego idealnego dnia.

Nagle usłyszałem głośny trzask. Odwróciłem się i zobaczyłem, że mężczyzna wypadł przez sufit i leżał na podłodze przed nami. Był **pokryty** kurzem i gruzem i wydawał się być nieprzytomny. Mój przyjaciel i ja byliśmy w szoku, gdy wpatrywaliśmy się w człowieka leżącego na podłodze. Nie wiedzieliśmy co zrobić, ani do kogo zadzwonić po pomoc. Po prostu siedzieliśmy tam wpatrując się w niego, nie wiedząc co robić. Po kilku minutach otrząsnąłem się z tego i zadzwoniłem na 911. Operator powiedział mi, że ktoś zaraz tam będzie. Odłożyłem słuchawkę i powiedziałem mojemu przyjacielowi, co powiedział **operator.** Obie siedziałyśmy tam, czekając na pomoc. Wydawało się to wiecznością, ale w końcu **pojawiła** się karetka. Ratownicy medyczni weszli do środka i zaczęli zajmować się mężczyzną.

waardoor alles warm en gelukkig aanvoelde. We babbelden terwijl we ons eten aten, en genoten van het simpele plezier om in elkaars **gezelschap** te zijn. Het was druk in het café, maar het voelde niet druk aan. Er hing een gevoel van vrede en tevredenheid in de lucht. Toen we ons eten op hadden, bleven we nog een tijdje zitten, genietend van de vredige **sfeer**. We praatten een tijdje over verschillende dingen die in ons leven waren gebeurd. Het was zo fijn om bij te praten met mijn vriend en gewoon **te ontspannen**. De zon scheen door het raam, en het voelde alsof **niets** onze perfecte dag kon verpesten.

Plotseling hoorde ik een harde klap. Ik draaide me om en zag dat een man door het plafond was gevallen en voor ons op de grond lag. Hij was **bedekt** met stof en puin en leek bewusteloos te zijn. Mijn vriend en ik waren allebei in shock toen we naar de man staarden die op de grond lag. We wisten niet wat we moesten doen of wie we moesten bellen voor hulp. We zaten daar gewoon naar hem te staren, niet wetend wat te doen. Na een paar minuten kwam ik bij en belde 911. De telefoniste zei me dat er zo iemand zou komen. Ik hing de telefoon op en vertelde mijn vriend wat de **telefoniste** had gezegd. We zaten daar allebei te wachten tot er hulp kwam. Het leek wel een eeuwigheid, maar uiteindelijk **kwam** er een ambulance. De ambulancebroeders snelden naar binnen en begonnen met de man te werken.

Pytania dotyczące rozumienia tekstu

1. Skąd pochodzi człowiek, który wpada przez dach?

2. Dlaczego kobieta jest ze swoim przyjacielem w kawiarni?

3. Jaka jest ulubiona kawiarnia dwóch przyjaciół?

4. Jak długo znają się dwaj przyjaciele?

5. Jaki jest ulubiony napój dwóch przyjaciół?

6. W jakim mieście mieszkają dwaj przyjaciele?

7. Jak często spotykają się dwaj przyjaciele?

8. O czym rozmawiają dwie przyjaciółki podczas pierwszego spotkania w ulubionej kawiarni?

9. Jaka jest ulubiona potrawa dwóch przyjaciół?

10. Dlaczego tak łatwo jest rozmawiać z Lily?

Begrip vragen

1. Waar komt de man vandaan die door het dak valt?

2. Waarom is de vrouw met haar vriendin in het café?

3. Wat is het favoriete café van de twee vrienden?

4. Hoe lang kennen de twee vrienden elkaar al?

5. Wat is het favoriete drankje van de twee vrienden?

6. In welke stad wonen de twee vrienden?

7. Hoe vaak ontmoeten de twee vrienden elkaar?

8. Waar hebben de twee vrienden het over als ze elkaar voor het eerst ontmoeten in hun favoriete café?

9. Wat is het lievelingseten van de twee vrienden?

10. Waarom is het zo makkelijk om met Lily te praten?

Going Swimming

Basen był zawsze **orzeźwiającym** miejscem, a dziś nie było inaczej. Słońce świeciło, a woda wyglądała zachęcająco. Wziąłem głęboki oddech i zanurzyłem się w wodzie, czując jej chłodny uścisk. Przez jakiś czas pływałem w kółko, ciesząc się ćwiczeniami i możliwością oczyszczenia głowy. Po chwili wyszedłem i osuszyłem się, po czym usiadłem na ręczniku, aby zrelaksować się na słońcu. Zamknąłem oczy i pozwoliłem, aby **ciepło** obmyło mnie, czując jak moje mięśnie zaczynają się rozluźniać. Nagle usłyszałem plusk i otworzyłem oczy, aby zobaczyć moją młodszą siostrę **wiosłującą** w płytkim końcu. Uśmiechnąłem się i obserwowałem ją przez chwilę, po czym wstałem i podszedłem do niej. Rozmawialiśmy trochę i wiosłowaliśmy razem, ciesząc się wzajemnie swoim towarzystwem. Wkrótce dołączyli do nas rodzice i spędziliśmy resztę popołudnia pływając i grając razem w gry. Zawsze miło było spędzić czas z rodziną na basenie. Jest **coś** w byciu w wodzie, co po prostu wydaje się zbliżać ludzi. Może dlatego, że wszyscy jesteśmy równi, kiedy jesteśmy w wodzie - nie możemy ukryć naszych wad ani udawać, że jesteśmy kimś, kim nie jesteśmy. A może po prostu dlatego, że to świetna zabawa! **Niezależnie od** powodu, byłem po prostu zadowolony, że mogliśmy się wszyscy spotkać i cieszyć

Gaan zwemmen

Het zwembad was altijd een **verfrissende** plek om te zijn, en vandaag was dat niet anders. De zon scheen en het water zag er uitnodigend uit. Ik haalde diep adem en dook erin, de koele omhelzing van het water voelend. Ik zwom een tijdje baantjes, genoot van de beweging en de kans om mijn hoofd leeg te maken. Na een tijdje kwam ik eruit en droogde me af, waarna ik op een handdoek ging zitten om te relaxen in de zon. Ik sloot mijn ogen en liet de **warmte** over me heen spoelen, ik voelde mijn spieren ontspannen. Plotseling hoorde ik een plons en ik opende mijn ogen om mijn kleine zusje te zien **poedelen** in het ondiepe gedeelte. Ik glimlachte en keek een tijdje naar haar, stond toen op en liep naar haar toe. We kletsten wat en peddelden samen wat rond, genietend van elkaars gezelschap. Al snel kwamen onze ouders erbij, en we brachten de rest van de middag zwemmend en spelend door. Het was altijd zo leuk om tijd met de familie in het zwembad door te brengen. Er is **iets** met in het water zijn dat mensen samenbrengt. Misschien is het omdat we allemaal gelijk zijn als we in het water zijn - we kunnen onze gebreken niet verbergen of doen alsof we iets zijn wat we niet zijn. Of misschien is het gewoon omdat het leuk is! **Wat** de reden ook is, ik was gewoon blij dat we allemaal bij elkaar konden komen en van elkaars gezelschap

się wzajemnym towarzystwem w tak wyjątkowym miejscu.

Słońce biło w moją skórę, a w powietrzu unosił się zapach chloru. Słyszałem odgłosy śmiejących się dzieci i pluskających się w basenie. Leżałem na **leżaku** obok basenu, wygrzewając się na słońcu i **ciesząc się** dniem. Miałem zamknięte oczy i właśnie miałem zamiar odpłynąć w sen, kiedy usłyszałem, że ktoś podchodzi do mnie. Otworzyłem oczy i zobaczyłem kobietę stojącą obok mnie. Była ubrana w bikini i miała ręcznik owinięty wokół talii. Miała długie blond włosy i niebieskie oczy. Trzymała w ręku butelkę z **filtrem przeciwsłonecznym**. "Czy masz coś przeciwko, jeśli nałożę trochę kremu przeciwsłonecznego na twoje plecy?" zapytała. "Nie, to dobrze", powiedziałem, siedząc tak, że mogła dosięgnąć moich pleców. Czułem jej ręce na mojej skórze, gdy nakładała krem przeciwsłoneczny.

Jej dotyk był delikatny, a zapach kremu do opalania kojący. Ponownie zamknąłem oczy i pozwoliłem sobie na relaks. Słyszałam **odgłosy** jej poruszania się, ale nie otwierałam oczu. Byłem zadowolony po prostu leżąc tam w słońcu, słuchając dźwięku fal **rozbijających się o** brzeg. Po kilku minutach odeszła, a ja otworzyłem oczy. Obserwowałem ją, jak wracała do swojego fotela i podnosiła książkę. Usiadła na swoim miejscu i zaczęła czytać. Znowu zamknąłem oczy i pozwoliłem sobie odpłynąć w sen.

konden genieten op zo'n speciale plek.

De zon scheen op mijn huid en de geur van chloor hing in de lucht. Ik kon de geluiden horen van lachende kinderen die in het zwembad spetterden. Ik lag op een ligstoel naast het zwembad, te genieten van de zon en **de** dag. Ik had mijn ogen gesloten en wilde net in slaap vallen toen ik iemand naar me toe hoorde lopen. Ik opende mijn ogen en zag een vrouw naast me staan. Ze droeg een bikini en had een handdoek om haar middel gewikkeld. Ze had lang blond haar en blauwe ogen. Ze hield een fles **zonnebrandcrème** in haar hand. "Vind je het erg als ik wat zonnebrandcrème op je rug smeer?" vroeg ze. "Nee, dat hoeft niet," zei ik, terwijl ik rechtop ging zitten zodat ze bij mijn rug kon. Ik voelde haar handen op mijn huid terwijl ze de zonnebrandcrème aanbracht.

Haar aanraking was zacht en de geur van de zonnebrandcrème was kalmerend. Ik sloot mijn ogen weer en liet me ontspannen. Ik kon het **geluid** van haar bewegingen horen, maar ik opende mijn ogen niet. Ik was tevreden met het feit dat ik daar in de zon lag, luisterend naar het geluid van de golven **die** tegen de kust sloegen. Na een paar minuten liep ze weg, en ik opende mijn ogen. Ik keek naar haar terwijl ze terugliep naar haar ligstoel en haar boek oppakte. Ze nestelde zich in haar stoel en begon te lezen. Ik sloot mijn ogen weer en liet me wegdrijven in slaap.

Pytania dotyczące rozumienia tekstu

1. Gdzie był narrator, gdy zaczyna opowiadanie?

2. Co czuje narrator, gdy otwiera oczy?

3. Co słyszy narrator, gdy otwiera oczy?

4. Czyj krem do opalania daje narratorowi kobieta?

5. O czym marzy narrator?

6. Dlaczego pływanie w morzu jest dla narratora tak wyjątkowe?

7.Jak czuje się woda, w której pływa narrator?

8. Co widzi narrator po wyjściu z wody?

9. Co robi kobieta po nałożeniu na narratora kremu przeciwsłonecznego?

10. O czym rozmawiają narrator i kobieta na końcu opowiadania?

Begrip vragen

1. Waar was de verteller toen hij het verhaal begon?

2. Wat ruikt de verteller als hij zijn ogen opent?

3. Wat hoort de verteller als hij zijn ogen opent?

4. Van wie is de zonnebrandcrème die de vrouw aan de verteller geeft?

5. Waar droomt de verteller over?

6. Waarom is zwemmen in de zee zo speciaal voor de verteller?

7. Hoe voelt het water aan waarin de verteller zwemt?

8. Wat ziet de verteller als hij uit het water komt?

9. Wat doet de vrouw nadat ze de verteller heeft ingesmeerd met zonnebrandcrème?

10. Waarover praten de verteller en de vrouw aan het eind van het verhaal?

Koszenie trawnika

Jest 10 rano w letnią **sobotę**, a słońce już niemiłosiernie bije. Wychodzisz do garażu po kosiarkę, czując, że jesteś **skazany** na ciężką pracę. Zaczynasz kosić trawnik, upewniając się, że idziesz ładnie i powoli, więc nie przegapisz żadnych miejsc. Podczas koszenia, myślisz o tym, jak dobrze jest być na zewnątrz w świeżym powietrzu. Gdy zaczynasz pchać kosiarkę tam i z powrotem po trawniku, kątem **oka dostrzegasz** swojego sąsiada. Machasz i witasz się, a on odwzajemnia uśmiech.

Po kilku minutach kończysz i idziesz do domu sąsiada, aby wypić z nim piwo w ogrodzie. Jest **idealny** dzień - niezbyt gorący, z delikatnym powiewem wiatru. Siedzisz w cieniu drzewa, popijając piwo i rozmawiając z sąsiadem. To właśnie takie dni sprawiają, że doceniasz lato. Następnie **udajesz się do** środka na zasłużone piwo. Rozsiadasz się w fotelu na werandzie i otwierasz puszkę, wydając z siebie zadowolone westchnienie. Dźwięk kosiarki zanika w tle, gdy relaksujesz się w cieniu, ciesząc się **spokojem** chwili. Piwo smakuje wyjątkowo dobrze po całej tej ciężkiej pracy w upale. Już miałem wejść do środka, gdy usłyszałem hałas

Het maaien van het gazon

Het is 10 uur 's ochtends op een zomerse **zaterdag**, en de zon schijnt al ongenadig. Je sjokt naar de garage om de grasmaaier te halen, met het gevoel dat je **veroordeeld bent** tot dwangarbeid. Je begint het gazon te maaien, en zorgt ervoor dat je het rustig aan doet, zodat je niets over het hoofd ziet. Terwijl je aan het maaien bent, denk je aan hoe goed het voelt om buiten in de frisse lucht te zijn. Terwijl u de maaier heen en weer over het gazon duwt, ziet u uw buurman vanuit uw **ooghoek**. Je zwaait en zegt hallo, en hij zwaait terug.

Na een paar minuten ben je klaar, en je gaat naar het huis van je buurman om met hem een biertje te drinken in de voortuin. Het is een **perfecte** dag - niet te warm, met een zacht briesje. Je zit daar in de schaduw van de boom, nipt van je biertje en kletst wat met je buurman. Het zijn dagen als deze die je de zomer doen waarderen. Dan **ga** je naar binnen voor een welverdiend biertje. Je ploft neer in een stoel op de veranda, trekt het blikje open en slaakt een tevreden zucht. Het geluid van de maaier verdwijnt naar de achtergrond terwijl je in de schaduw ontspant en geniet van de **rust** van het moment. Het bier smaakt extra goed na al dat harde werk in de hitte. Ik stond op het

obok.

Brzmiało to tak, jakby ktoś płakał. Przestałem kosić i podszedłem do płotu, który oddzielał nasze podwórka. Zerknąłem i zobaczyłem moją sąsiadkę, panią Johnson, płaczącą na swojej huśtawce na ganku. Zawołałem ją, ale mnie nie usłyszała. Wspiąłem się przez płot i podszedłem do niej. "Pani Johnson, czy wszystko w porządku?" zapytałem. Spojrzała na mnie ze łzami w oczach i potrząsnęła głową. "Nie, nie jest w porządku," powiedziała. "Mój kot umarł wczoraj". Byłem zszokowany. Nie wiedziałem, co powiedzieć. Po prostu stałem tam niezręcznie, nie wiedząc co zrobić. W końcu położyłam rękę na jej **ramieniu** i powiedziałam: "Tak mi przykro, pani Johnson. Jeśli jest coś, co mogę zrobić, aby pomóc, proszę dać mi znać. "Potrząsnęła głową i powiedziała: "Nie, nikt nie może **nic** zrobić". Następnie wstała i weszła do swojego domu. Stałem tam przez chwilę, nie wiedząc co zrobić. Potem wróciłem do koszenia trawnika. Kiedy skończyłem, nie mogłem nie myśleć o pani Johnson i jej kocie.

punt om naar binnen te gaan toen ik een geluid hoorde bij de buren.

Het **klonk** alsof iemand huilde. Ik stopte met maaien en liep naar het hek dat onze tuinen scheidde. Ik keek om en zag mijn buurvrouw, mevrouw Johnson, huilen op haar schommelbank. Ik riep naar haar, maar ze hoorde me niet. Ik klom over het hek en liep naar haar toe. “Mevrouw Johnson, is alles goed met u?” vroeg ik. Ze keek met tranen in haar ogen naar me op en schudde haar hoofd. “Nee, het gaat niet goed met me,” zei ze. “Mijn kat is gisteren gestorven.” Ik was geschokt. Ik wist niet wat ik moest zeggen. Ik stond daar maar wat ongemakkelijk, niet wetend wat ik moest doen. Uiteindelijk legde ik mijn hand op haar **schouder** en zei: “Het spijt me zo, mevrouw Johnson. Als er iets is wat ik kan doen om te helpen, laat het me alsjeblieft weten. “Ze schudde haar hoofd en zei: Nee, er is **niets** dat iemand kan doen. Toen stond ze op en ging haar huis binnen. Ik stond daar een ogenblik, niet wetend wat te doen. Toen ging ik verder met het maaien van mijn gazon. Toen ik klaar was, moest ik denken aan mevrouw Johnson en haar kat.

Pytania dotyczące rozumienia tekstu

1. Która jest godzina?

2. Gdzie osoba kosi?

3. Jak się czuje ta osoba?

4. Dlaczego osoba musi kosić powoli?

5. Jaka to jest pogoda?

6. Co robi osoba po zakończeniu koszenia?

7. Co słyszy osoba przed wyjściem do domu?

8. Kto jest z panią Johnson?

9. Dlaczego pani Johnson płacze?

10. Co mówi ta osoba do pani Johnson?

Begrip vragen

1. Hoe laat is het?

2. Waar is de persoon aan het maaien?

3. Hoe voelt de persoon zich?

4. Waarom moet de persoon langzaam maaien?

5. Wat voor weer is het?

6. Wat doet de persoon na het maaien?

7. Wat hoort de persoon voordat hij naar huis gaat?

8. Wie is er bij Mrs Johnson?

9. Waarom huilt Mrs Johnson?

10. Wat zegt de persoon tegen Mrs. Johnson?

Obcinanie włosów

Od tygodni miałam zamiar zrobić sobie fryzurę, ale jakoś zawsze udawało mi się to odłożyć. Jednak w obliczu zbliżających się **Świąt Bożego Narodzenia**, wiedziałam, że nie mogę dłużej odkładać tej decyzji. Nie chciałem pokazać się na świątecznej kolacji mojej rodziny wyglądając jak niechlujny bałagan. Więc, wcześnie na Boże Narodzenie rano, zrobiłem moją drogę do salonu. Nawet jeśli było wcześnie, salon był już zajęty z innymi ludźmi **coraz** ich włosy zrobić na wakacje. Wziąłem moje miejsce w linii i czekał na swoją kolej. Wreszcie, to była moja kolej w fotelu. Stylistka, przyjazna kobieta o imieniu Jill, zapytała mnie, czego chcę. “Tylko przycięcie, nic zbyt drastycznego”, odpowiedziałam. Jill zabrała się do pracy, przycinając moje włosy. W miarę jak pracowała, zaczęłam się relaksować. Dobrze było w końcu zadbać o siebie. Ostatnio byłem tak zajęty, biegając i dbając o wszystkich innych, że pozwoliłem, aby moje własne potrzeby odeszły na bok. Ale **już** nie. Od tej pory miałam zamiar znaleźć czas dla siebie.

Kiedy Jill skończyła, spojrzałam w lustro i byłam zadowolona z tego, co zobaczyłam. Moje włosy wyglądały na schludne i wypolerowane - idealne na wakacyjne spotkania. **Podziękowałam** Jill i

Naar de kapper

Ik wilde al weken naar de kapper, maar op de een of andere manier kon ik het steeds uitstellen. Maar met **Kerstmis voor de deur**, wist ik dat ik het niet langer kon uitstellen. Ik wilde niet op het kerstdiner van mijn familie verschijnen als een smerige puinhoop. Dus, vroeg op kerstochtend, ging ik naar de salon. Hoewel het nog vroeg was, was de salon al druk bezig met andere mensen **die** hun haar lieten doen voor de feestdagen. Ik nam plaats in de rij en wachtte op mijn beurt. Eindelijk was het mijn beurt in de stoel. De styliste, een vriendelijke vrouw die Jill heette, vroeg me wat ik wilde. “Gewoon een knipbeurt, niets te drastisch,” antwoordde ik. Jill ging aan de slag en knipte mijn haar weg. Terwijl ze werkte, begon ik te ontspannen. Het voelde goed om eindelijk voor mezelf te zorgen. Ik had het de laatste tijd zo druk gehad met voor iedereen te zorgen, dat ik mijn eigen behoeften aan de kant had laten liggen. Maar **nu** niet **meer**. Van nu af aan, zou ik tijd voor mezelf maken.

Toen Jill klaar was, keek ik in de spiegel en was blij met wat ik zag. Mijn haar zag er netjes en gepolijst uit-perfect voor vakantie bijeenkomsten. Ik **bedankte** Jill en maakte een notitie om vaker terug te komen. Van nu af aan zal ik in de eerste plaats voor mezelf

zanotowałam w pamięci, żeby częściej do niej wracać. Od tej pory będę dbać przede wszystkim o siebie. Jill zabrała się do pracy, przycinając moje włosy. Pomyślałam o tym, jak bardzo byłam wdzięczna, że w końcu udało mi się zrobić sobie fryzurę. To było dobre uczucie wiedzieć, że będę wyglądać presentable na świąteczny **obiad**. Nie musiałbym się już martwić, że rodzina będzie mi dokuczać z powodu mojego "niechlujnego" wyglądu. Po kilku minutach stylista skończył przycinać moje włosy i dał mi szybkie suszenie. Spojrzałam w lustro i byłam zadowolona z tego, co zobaczyłam - czysty wygląd, który będzie idealny na świąteczny obiad. Teraz, gdy nie miałam już nic do zrobienia, mogłam skupić się na spędzaniu świąt z rodziną. I byłam za to jeszcze bardziej wdzięczna.

Czułam się tak **wyzwolona** i uwielbiałam sposób, w jaki wyglądała moja nowa fryzura. Po zapłaceniu za fryzurę, wróciłam do domu i zaczęłam się pakować na wyjazd. **Nie mogłam się** doczekać, aby pokazać mój nowy wygląd rodzinie i znajomym. Wiedziałam, że będą zaskoczeni, gdy mnie zobaczą. W dniu mojego lotu, przybyłam na lotnisko z dużą ilością wolnego czasu. Przeszedłem przez kontrolę bezpieczeństwa bez żadnych problemów i wkrótce byłem w drodze. Jak tylko dotarłem do celu, poczułem podniecenie w powietrzu. Boże Narodzenie było zdecydowanie w powietrzu! Na lotnisku przywitała mnie moja rodzina, która była zachwycona moją nową fryzurą.

zorgen. Ze begon aan mijn haar te knippen. Ik dacht eraan hoe dankbaar ik was dat ik er eindelijk aan toe was gekomen om mijn haar te laten knippen. Het voelde goed om te weten dat ik er toonbaar uit zou zien voor **het kerstdiner**. Ik hoefde me geen zorgen meer te maken dat mijn familie me zou plagen over mijn "smerige" uiterlijk. Na een paar minuten was de styliste klaar met het knippen van mijn haar en föhnde ze me snel. Ik keek in de spiegel en was blij met wat ik zag: een strak geknipt kapsel dat perfect zou zijn voor het kerstdiner. Nu mijn kapsel achter de rug was, kon ik me concentreren op de feestdagen met mijn gezin. En daar was ik nog dankbaarder voor.

Het voelde zo **bevrijdend**, en ik hield van de manier waarop mijn nieuwe kapsel eruit zag. Nadat ik voor mijn kapsel had betaald, ging ik naar huis en begon ik in te pakken voor mijn reis. Ik **kon niet** wachten om mijn nieuwe look aan mijn familie en vrienden te tonen. Ik wist dat ze verrast zouden zijn als ze me zouden zien. Op de dag van mijn vlucht kwam ik ruim op tijd aan op de luchthaven. Ik ging zonder problemen door de beveiliging en al snel was ik op weg. Zodra ik op mijn bestemming aankwam, kon ik de opwinding in de lucht voelen. Kerstmis hing zeker in de lucht! Mijn familie was er om me op de luchthaven te begroeten, en ze waren allemaal verbaasd over mijn nieuwe kapsel.

Pytania dotyczące rozumienia tekstu

1. Co bohater musiał zrobić przed świętami?

2. Jak bohaterka czuła się dbając o siebie?

3. Kto przyciął włosy bohatera?

4. Dlaczego rodzina bohaterki miała jej dokuczać?

5. Jak czuła się bohaterka po zrobieniu sobie fryzury?

6. Co zrobiła bohaterka po zrobieniu sobie fryzury?

7. Jaka była reakcja rodziny bohaterki na jej fryzurę?

8. Co bohater robił w Wigilię?

9. Co sprawiło, że doświadczenie bohatera było bardziej wyjątkowe?

10. Co by się stało, gdyby bohater nie dał sobie obciąć włosów?

Begrip vragen

1. Wat moest de hoofdpersoon doen voor Kerstmis?

2. Hoe vond de hoofdpersoon het om voor zichzelf te zorgen?

3. Wie heeft het haar van de hoofdpersoon geknipt?

4. Waarom ging de familie van de hoofdpersoon haar plagen?

5. Hoe voelde de hoofdpersoon zich nadat ze naar de kapper was geweest?

6. Wat heeft de hoofdpersoon gedaan nadat ze naar de kapper is geweest?

7. Wat was de reactie van de familie van de hoofdpersoon op haar kapsel?

8. Wat deed de hoofdpersoon op kerstavond?

9. Wat maakte de ervaring van de hoofdpersoon specialer?

10. Wat zou er gebeuren als de hoofdpersoon niet naar de kapper zou gaan?

Park

Słońce zachodziło, a park był pusty. Usiadłam na ławce, czekając na moją **przyjaciółkę**. Planowałyśmy spotkać się tu już godzinę temu, ale ona zawsze się spóźniała. Właśnie gdy miałam się poddać i iść do domu, zobaczyłam, że biegnie w moją stronę. "Tak mi przykro" - sapała, gdy dotarła do ławki. "Mój pociąg był **opóźniony**". "Nie szkodzi" - powiedziałem **wyrozumiale**. "Dopiero co sam tu dotarłem". Usiedliśmy i rozmawialiśmy przez chwilę, nadrabiając zaległości w życiu od naszego ostatniego spotkania. Rozmowa przebiegała **bezproblemowo**, a my czuliśmy się tak, jakby od naszego ostatniego spotkania nie upłynął żaden czas. Gdy słońce zaszło, pożegnaliśmy się i poszliśmy w swoją stronę. Następnym razem spotkaliśmy się w innym parku. Znów się spóźniła, ale nie miałem nic przeciwko. Miło było mieć kogoś do rozmowy, kto mnie **rozumiał**. Rozmawialiśmy o naszych marzeniach i **aspiracjach**, o rzeczach, które chcieliśmy zrobić z naszym życiem. Ona opowiedziała mi o swoich planach podróżowania po świecie, a ja podzieliłem się swoim marzeniem o zostaniu pisarzem. Gdy słońce zachodziło w kolejny dzień, pożegnałyśmy się raz jeszcze, obiecując, że tym razem utrzymamy kontakt.

Het park

De zon ging onder, en het park was leeg. Ik zat op het bankje te wachten op mijn **vriendin**. We hadden hier al een uur geleden afgesproken, maar ze was altijd te laat. Net toen ik het wilde opgeven en naar huis wilde gaan, zag ik haar naar me toe rennen. “Het spijt me zo,” hijgde ze toen ze de bank bereikte. “Mijn trein **had vertraging**.” “Het is goed,” zei ik **vergevingsgezind**. “Ik ben hier net zelf.” We gingen zitten en praatten een poosje, praatten bij over elkaars leven sinds we elkaar voor het laatst zagen. Het gesprek verliep **vlot**, en het leek alsof er helemaal geen tijd was verstreken sinds we elkaar voor het laatst hadden gezien. Toen de zon onderging, namen we afscheid en gingen onze eigen weg. De volgende keer dat we elkaar zagen, was in een ander park. Weer was ze te laat, maar dat vond ik niet erg. Het was fijn om iemand te hebben om mee te praten die me **begreep**. We spraken over onze dromen en **aspiraties**, dingen die we wilden doen met ons leven. Zij vertelde me over haar plannen om de wereld rond te reizen, en ik deelde mijn droom om schrijfster te worden. Toen de zon weer onderging, namen we afscheid van elkaar en beloofden we elkaar dit keer te blijven zien.

Jaren gingen voorbij, en onze **vriendschap** bleef sterk,

Mijały lata, a nasza **przyjaźń** pozostawała silna, mimo że mieszkaliśmy teraz w różnych częściach kraju. Utrzymywaliśmy kontakt poprzez listy i sporadyczne rozmowy telefoniczne, dzieląc się wzajemnie wiadomościami z naszego życia. Kiedy ogłosiła, że wychodzi za mąż, nie byłem **zaskoczony** - zawsze była typem poszukiwacza **przygód**. Ale kiedy zapytała mnie, czy byłabym jej druhną na jej ślubie, który odbywał się w połowie drogi dookoła świata od mojego miejsca zamieszkania... to wymagało trochę przekonania! W końcu jednak nie mogłam pozwolić, by moja najlepsza przyjaciółka wyszła za mąż beze mnie u jej boku, więc pomimo moich obaw (i po wielu błaganiach z jej strony!) **zgodziłam się wziąć udział w tym,** co okazało się **przygodą** życia.

Dzień **ślubu** w końcu nadszedł. Byłam zdenerwowana, ale podekscytowana, że mogłam być częścią tak ważnego momentu w życiu mojej przyjaciółki. Ceremonia była piękna, a ona wyglądała na szczęśliwą podczas składania przysięgi. **Po wszystkim** świętowaliśmy z wielką imprezą - wydawało się, że wszyscy, których znała, przyszli świętować razem z nią! To był **magiczny** dzień, którego nigdy nie zapomnę, a nasza przyjaźń tylko się umocniła po tej przygodzie. Teraz, lata później, wciąż utrzymujemy kontakt. Obie bardzo się **zmieniłyśmy** od czasu naszego pierwszego spotkania, ale nasza przyjaźń jest tak silna jak nigdy dotąd.

ook al woonden we nu in verschillende delen van het land. We hielden contact door middel van brieven en af en toe telefoontjes, waarbij we nieuws over ons leven met elkaar deelden. Toen ze aankondigde dat ze ging trouwen, was ik niet **verbaasd** - ze was altijd al een **avontuurlijk** type geweest. Maar toen ze me vroeg of ik haar bruidsmeisje wilde zijn op haar huwelijksceremonie, dat halverwege de wereld zou plaatsvinden, van waar ik woonde... daar was wel wat overtuigingskracht voor nodig! Maar uiteindelijk kon ik mijn beste vriendin niet laten trouwen zonder mij aan haar zijde, dus ondanks mijn angsten (en na veel smeken van haar!) **stemde** ik ermee in om mee te gaan op wat het **avontuur** van mijn leven bleek te zijn.

De dag van de **bruiloft was** eindelijk aangebroken. Ik was nerveus, maar opgewonden om deel uit te maken van zo'n belangrijk moment in het leven van mijn vriendin. De ceremonie was prachtig, en ze zag er gelukkig uit toen ze haar geloften aflegde. **Daarna** vierden we het met een groot feest - het leek wel of iedereen die ze kende was gekomen om het met haar te vieren! Het was een **magische** dag die ik nooit zal vergeten, en onze vriendschap is na dat avontuur alleen maar sterker geworden. Nu, jaren later, houden we nog steeds contact. We zijn allebei veel **veranderd** sinds we elkaar voor het eerst ontmoetten, maar onze vriendschap is nog even sterk als altijd.

Pytania dotyczące rozumienia tekstu

1. Gdzie autorka i jej przyjaciółka spotkały się po raz pierwszy?

2. Dlaczego przyjaciel autora spóźnił się na ich spotkanie?

3. O czym rozmawiali przyjaciele, gdy spotkali się ponownie po latach?

4. Jak autorka czuła się uczestnicząc w uroczystości ślubnej swojej przyjaciółki?

5. Opisz oprawę uroczystości ślubnej.

6. Jak z biegiem czasu zmieniła się przyjaźń obu kobiet?

7. Jakie jest marzenie autora?

8. Gdzie planuje podróż przyjaciel autora?

9. Dlaczego autorka wahała się, czy wziąć udział w uroczystości ślubnej swojej przyjaciółki?

Begrip vragen

1. Waar hebben de auteur en haar vriendin elkaar voor het eerst ontmoet?

2. Waarom was de vriend van de auteur te laat op hun afspraak?

3. Waar hadden de vrienden het over toen ze elkaar jaren later weer ontmoetten?

4. Hoe vond de schrijfster het om de huwelijksceremonie van haar vriendin bij te wonen?

5. Beschrijf de omgeving van de huwelijksceremonie.

6. Hoe is de vriendschap tussen de twee vrouwen in de loop der tijd veranderd?

7. Wat is de droom van de auteur?

8. Waar is de vriend van de schrijver van plan heen te reizen?

9. Waarom aarzelde de schrijfster om de huwelijksceremonie van haar vriendin bij te wonen?

www.ingramcontent.com/pod-product-compliance
Lightning Source LLC
LaVergne TN
LVHW050009170826
845677LV00023B/3212

* 9 7 9 8 8 4 8 0 0 6 1 3 1 *